绿衫王朝

波士顿凯尔特人传

BOSTON CELTICS

冯逸明/主编

世界知识出版社

北京·2020

图书在版编目（CIP）数据

绿衫王朝：波士顿凯尔特人传 / 冯逸明主编 . —北京：世界知识出版社，2020.8
（钻石豪门传记系列）
ISBN 978-7-5012-6282-3

Ⅰ . ①绿… Ⅱ . ①冯… Ⅲ . ①篮球运动—俱乐部—概况—美国 Ⅳ. ① G841.671.2

中国版本图书馆 CIP 数据核字（2020）第 140277 号

书　　名　绿衫王朝：波士顿凯尔特人传
Lüshan Wangchao：Boshidun Kai′erteren Zhuan

主　　编　冯逸明

责任编辑　余　岚　刘　喆
责任出版　赵　玥
责任校对　张　琨
封面设计　冯逸明

出版发行　世界知识出版社
地址邮编　北京市东城区干面胡同 51 号（100010）
销售电话　010-65265923　010-57735441
网　　址　www.ishizhi.cn
经　　销　新华书店
印　　刷　北京朗翔印刷有限公司
开本印张　710mm × 1000mm　1/16　14 印张
字　　数　232 千字
版次印次　2020 年 9 月第一版
2020 年 9 月第一次印刷
标准书号　ISBN 978-7-5012-6282-3
定　　价　55.00 元

绿衫王朝
BOSTON CELTICS

BOSTON
CELTICS

“绿衫王朝”——

TD花园球馆的17面总冠军旗帜，骄傲地向人们展示着“波士顿王朝”的光辉与荣耀。

在NBA中，凯尔特人就是一部旷古传奇。17面总冠军旗帜高悬在TD花园球馆，昭示着这座城市曾经拥有着NBA历史上最伟大的王朝。

从比尔·拉塞尔到拉里·伯德再到“三巨头”……铁血、坚韧、强悍、团队至上的“绿衫”特质一脉相承。也许有人不喜欢它，但必须对它肃然起敬。

凯尔特人的17冠高居NBA各队之首，八连冠更是空前绝后。球队历史上名宿云集，20多个退役号码几乎让球队无可用之号。

距离我们最近的，是那支2008年横扫联盟、灭“紫金”、登顶天下的凯尔特人。往事如昨，沾满佳得乐的西装还未褪色，保罗·皮尔斯振臂狂呼的咆哮依然绕梁，凯文·加内特的捶胸睥睨还历历在目……

当然，“杀手雷”的三分如雨，拉简·隆多的精灵独步，依然还是大家念念不忘的话题。

如今，波士顿凯尔特人将迎来一个全新的时期。TD花园球馆的穹顶仍旧旗帜高悬，“绿衫王朝”的传奇必将继续。

T D 花 园 球 馆

荣耀无双

TD 花园球馆的穹顶上悬挂着 17 面总冠军旗帜，这是 NBA 主场球馆中悬挂旗帜最多的地方。而高悬于此的 22 件退役球衣，也折射出凯尔特人的显赫历史以及璀璨星光。

岁月流转，当我们回看古旧而典雅的穹顶上不断升起的总冠军旗帜时，就会发现凯尔特人那比星辰更耀眼的历史。而在绚烂的历史画卷中心，是奥尔巴赫的永恒身影。

凯　尔　特　人　传　奇　名　帅

“红衣主教”

阿诺德·雅各布·奥尔巴赫（Arnold Jacob“Red”Auerbach），因为名字中的“Red”，所以被人们称为“红衣主教”。这个称谓形象地描述了他卓越而又强大的领导力与统治力。

作为俄罗斯移民的后裔，奥尔巴赫有着“战斗民族”的强悍与霸气，同时又精于谋划。他大权独揽、铁腕治军。大多数时候，奥尔巴赫扮演着让联盟所有人都畏惧的反派角色。

他是优雅风格球队的扼杀者，将温柔、浪漫、华丽、奔放的一切无情扼杀。他挑选有求胜欲望的球员，如棋局一样布子，打造出严丝合缝、牢不可破的完美整体去征服世界，夺得一切可能获得的荣誉。

奥尔巴赫慧眼识珠，将鲍勃·库西、拉塞尔、伯德、凯文·麦克海尔等璞玉招入“绿衫”门下，按照自己的想法将他们塑造成无私而又睿智的总冠军阵容巨星。

他雄霸NBA联盟40年，是“绿衫王朝”的总设计师。他将坚韧、简约、强悍、精密而又团队至上的风格植入凯尔特人，塑造出朴素而又倔强、平实而又高傲的波士顿精神。他简单、直接甚至粗暴地统御着“绿衫军”，进而在漫长的岁月里，统治着整个NBA。

作为主帅，奥尔巴赫曾率凯尔特人夺得9个总冠军。之后，他又作为幕后决策者，助力“绿衫军”再夺七冠。2006年10月，当奥尔巴赫转身离世，留下的是16个总冠军的辉煌成就以及无数显赫的头衔。当然，还有那点燃“胜利雪茄”的传统。

凯尔特人历史夺冠年份表

次数	年份	比分
1	1957 年	凯尔特人 4 比 3 圣路易斯老鹰
2	1959 年	凯尔特人 4 比 0 明尼阿波利斯湖人
3	1960 年	凯尔特人 4 比 3 圣路易斯老鹰
4	1961 年	凯尔特人 4 比 1 圣路易斯老鹰
5	1962 年	凯尔特人 4 比 3 洛杉矶湖人
6	1963 年	凯尔特人 4 比 2 洛杉矶湖人
7	1964 年	凯尔特人 4 比 1 旧金山勇士
8	1965 年	凯尔特人 4 比 1 洛杉矶湖人
9	1966 年	凯尔特人 4 比 3 洛杉矶湖人
10	1968 年	凯尔特人 4 比 2 洛杉矶湖人
11	1969 年	凯尔特人 4 比 3 洛杉矶湖人
12	1974 年	凯尔特人 4 比 3 密尔沃基雄鹿
13	1976 年	凯尔特人 4 比 2 菲尼克斯太阳
14	1981 年	凯尔特人 4 比 2 休斯敦火箭
15	1984 年	凯尔特人 4 比 3 洛杉矶湖人
16	1986 年	凯尔特人 4 比 2 休斯敦火箭
17	2008 年	凯尔特人 4 比 2 洛杉矶湖人

十 七 届 总 冠 军

17

BOSTON CELTICS

凯尔特人分别在 1957 年、1959 年、1960 年、1961 年、1962 年、1963 年、1964 年、1965 年、1966 年、1968 年、1969 年、1974 年、1976 年、1981 年、1984 年、1986 年和 2008 年夺得总冠军，共获得 17 冠（其中包括一波八连冠），是夺得 NBA 总冠军次数最多的球队。

BOSTON
CELTICS
CELTICS

八　连　冠

8

BOSTON　CELTICS

从 1959 年到 1966 年，凯尔特人连续八年夺得 NBA 总冠军，实现了史无前例的八连冠，这是后人难以企及的巅峰。NBA 其他豪强的最高成就便是取得三连冠，有些球队甚至难以接近这一目标。以“三冠即王朝”的标准来衡量，从 20 世纪 50 年代末起，凯尔特人开创了一个旷古绝今的超级王朝。

凯尔特人王朝 I

虽然拥有库西的凯尔特人是一支快如闪电、动如脱兔的进攻球队，但美中不足的是，他们的防守还不足以阻挡强大的对手。这一点，奥尔巴赫明镜在心。于是，在1956年的NBA选秀中，他得到以防守著称的比尔·拉塞尔。同时，他还选到了汤姆·海因索恩、K.C.琼斯，构建了“总冠军阵容”的基础。

从此，凯尔特人开启了一波恢宏漫长而又坚不可破的“王道之旅”，也缔造了不可一世的“凯尔特人王朝”。从1957年到1969年，凯尔特人拿下了11个总冠军，其中包括1959年到1966年的一波八连冠。

第一王朝传奇组合

凯尔特人“王炸”鼻祖

如果只看获得总冠军的数量，拉塞尔和库西这对组合就是历史第一。两人一起在 20 世纪 50 年代和 60 年代将凯尔特人带至巅峰，创造了 NBA 第一个“无敌王朝”。

作为 NBA 史上防守最好的中锋，拉塞尔镇守的内线坚不可摧。而库西则是 NBA 第一代最佳控卫，进攻和传球方面的造诣均属上乘。

拉塞尔和库西一守一攻，让凯尔特人成为无敌王师，联袂建立了 NBA 内外线组合的完美模板。两人一共联手夺得过 6 座总冠军奖杯，其中包括一波气势恢宏的五连冠。

若不是库西因伤在 1963 年提早退役的话，他获得的总冠军戒指将会更多，因为他的老搭档“指环王”拉塞尔拥有 11 枚总冠军戒指。

每当对手投篮，库西就做好了快攻的准备，拉塞尔会直接将球盖到他手中或者抓下篮板长传。然后，库西和比尔·沙曼杀向前场，一个控纵全局，一个百步穿杨。这种流水线般的流畅协作让凯尔特人所向披靡。中锋保护禁区并控制篮板、一传同时明星后卫快下反击的模式被后世不断模仿，至今仍在使用。

波士顿凯尔特人王师小记

巅峰时期：1980—1988 年

核心成员：拉里·伯德、罗伯特·帕里什、凯文·麦克海尔

重要成员：丹尼斯·约翰逊、丹尼·安吉

冠军教练：比尔·费奇、K.C. 琼斯

主要神迹：三夺总冠军

总 冠 军：3 届（1981 年、1984 年、1986 年）

王　朝　掠　影

凯尔特人王朝 II

在打造球队风格的层面，这支“绿军”与他们的前辈一脉相承。这不是拉里·伯德的球队，而是带有鲜明凯尔特人特质的铁军。招募优质球员，组成团结一心的球队，这是奥尔巴赫屡试不爽的成功秘诀。他的建队策略也在20世纪80年代获得奇效。

这支球队拥有优秀的前场组合——拉里·伯德、凯文·麦克海尔和罗伯特·帕里什。“大鸟”伯德是史上最佳小前锋，麦克海尔把低位打法写进了教科书，而帕里什则是内线的“万金油”。别忘了，比尔·沃顿也曾坚守在替补席上，而外线阵容里还有丹尼斯·约翰逊和丹尼·安吉这样的好手坐镇。

《华盛顿邮报》曾写道：“最美好的篮球年代，就是伯德和‘魔术师’主宰赛场的年代。”那是一轮又一轮你死我活的对决，就像一季又一季有关复仇的美剧。

1984年，凯尔特人在“抢七”中击败湖人夺冠。1985年，湖人在总决赛上送回一个4比1，之后又在1987年送给“绿军”一记重拳。“黄绿对决”成为整个20世纪80年代的主旋律。

1987年总决赛输给湖人之后，伯德说：“没有任何人像‘魔术师’那样逼迫我使出浑身解数，我也知道这种激烈对抗没办法永远持续下去。”最终，1987年的季后赛成为波士顿凯尔特人一个王朝的终结。

"铁三角"组合

- 合作年份：1980—1992 年
- 巅峰一季：1985 /1986 赛季
- 联手成就：3 届总冠军（1981 年、1984 年、1986 年）
- 场均数据：伯德：场均 25.8 分、9.8 个篮板、6.8 次助攻
  麦克海尔：场均 21.3 分、8.1 个篮板、2.2 个盖帽
  帕里什：场均 16.1 分、9.5 个篮板、1.4 个盖帽

第 二 王 朝 传 奇 组 合

凯 尔 特 人

铁三角

伯德、麦克海尔和帕里什是 NBA 第一个被真正冠以“三巨头”之名的组合。他们曾携手率领凯尔特人 5 次杀入总决赛，并在 1981 年、1984 年和 1986 年三次力挫湖人，勇夺总冠军。

1978 年，奥尔巴赫成功选中伯德。1980 年，“红衣主教”又施展妙手，从金州勇士交易来帕里什，同时又用“探花签”摘取麦克海尔，自此组成后来名震天下的“铁三角”。

桀骜不羁的伯德被誉为 NBA 历史上唯一的大满贯得主。球场上的他嚣张得有些招人厌烦，但谁也不可否认，他有嚣张的资本。身为小前锋的伯德技术极为全面，职业生涯场均砍下 24.3 分、10 个篮板、6.3 次助攻。

麦克海尔拥有 2.34 米的惊人臂展，这让他在防守端极具优势，遮天蔽日的手臂几乎封锁了对手所有的投篮路线。有趣的是，这样一位巨星却长期以第六人的身份走上“舞台”。

而帕里什的稳健中投、出色的盖帽与篮板能力，则给凯尔特人带来了高质量的攻防。

在一项关于历史上所有三人组的统计对比中，伯德、麦克海尔和帕里什的组合在稳定性与获得荣耀方面，傲视群雄，名列第一。

波士顿凯尔特人王师小记

巅峰时期： 2008—2010 年

核心成员： 保罗·皮尔斯、凯文·加内特、雷·阿伦、拉简·隆多

重要成员： 肯德里克·帕金斯、格伦·戴维斯、托尼·阿伦

冠军教练： 道格·里弗斯

主要神迹： 首年聚首便夺冠、击败 22 连胜的火箭

总 冠 军： 1 届（2008 年）

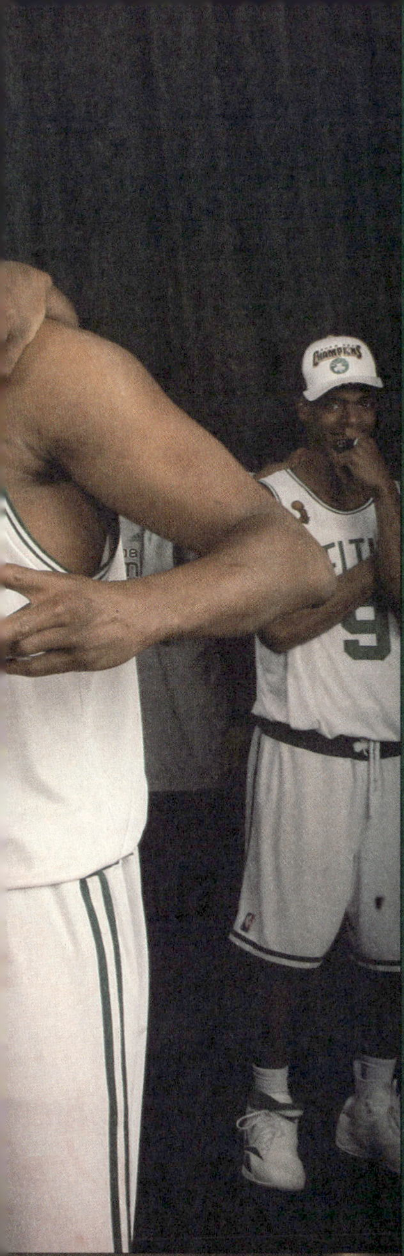

王朝掠影 III

凯尔特人王朝

速度奇快、传球如神的鬼才控卫；走位如风、远射精准，无数次在敌军聒噪时送上一颗冰冷子弹的超级射手；狡猾残忍、技巧全面的万花筒小前锋；激情四射，在防守端无处不在的革命性大前锋；强壮凶悍，如黑面煞神般的肉盾五号位。此外，板凳席上还坐着头号“科比终结者”托尼·阿伦，以及矮壮大前锋格伦·戴维斯。这支队伍分工明确，配置合理。虽然他们只有一个总冠军，但事实上，当他们的首发阵容保持健康时，他们不曾输给任何人。

他们在建队的第一个赛季就成功拿下总冠军，收官战更是以凯尔特人的方式送给湖人39分惨败。此前，他们曾对湖人上演惊天的24分大逆转，还让湖人企图逆转未遂。“绿衫军”留在“紫金军团”心里的伤疤无数，这三刀更是让洛杉矶人的心理阴影面积扩大。

极端的实用主义打法，大量的身体对抗，令人发指的低比分、低命中率，以及乱战般的比赛节奏，这支队伍的成功代表了“老派坏蛋”“痞赖们”的最后狂欢。

他们的比赛不是礼尚往来的贵族战争，而像牢笼里的拳击，胜利者踩着失败者逃出生天。这正是波士顿的悠久传统，直至今日也依然延续。

“三巨头”合作五年时光，率领凯尔特人两度杀入总决赛，并获得一个总冠军。更重要的是，他们给联盟带来铁血的防守精神与默契的进攻战术，这些都是建立在三位巨星无私奉献与精诚合作的基础上的。

第三王朝传奇组合

凯尔特人

三巨头

2007年8月，雷·阿伦、加内特和皮尔斯并肩站在一起，组成了令联盟闻风丧胆的“三巨头”。“君子剑”雷·阿伦无球跑位的锐利杀气，“真理”皮尔斯万花筒一样的单打能力，“狼王”加内特霹雳火爆的斗志和覆盖全场的防守压迫力，构成了凯尔特人的风骨。他们继承“红衣主教”“指环王”和“大鸟”的光荣传统，让这个伟大王朝迎来中兴。

2007/2008赛季——“三巨头”合作的首个赛季，他们便联袂率领凯尔特人从联盟最差升到最佳（66胜）。季后赛，他们又一路过关斩将。最终，凯尔特人在总决赛以4比2击败湖人，时隔22年后，获得队史第17个总冠军。

然而，名将渐白头。由于伤病阴霾与年华老去，“三巨头”领衔的凯尔特人最终难以阻挡更年轻的热火“BIG3”。2012年，雷·阿伦远走迈阿密，“三巨头”宣告解体。

虽然“三巨头”早已离开波士顿，但他们联手缔造的中兴功绩永久地铭刻在了凯尔特人的丰碑上。

“三巨头”组合

- 合作年份：2007—2012年
- 巅峰一季：2007/2008赛季
- 联手成就：1届总冠军（2008年）、2届东部冠军（2008年、2010年）
- 场均数据：皮尔斯：出场80场，场均19.6分、5.1个篮板、4.5次助攻
  加内特：出场71场，场均18.8分、9.2个篮板、1.3个盖帽
  雷·阿伦：出场73场，场均17.4分、3.7个篮板、3.1次助攻

杰森·塔图姆

JAYSON TATUM

- 位置：小前锋
- 出生日期：1998年3月3日
- 身高：203cm
- 体重：93kg
- 效力球队：凯尔特人
- 球衣号码：0
- 荣耀：最佳新秀阵容一阵、1届全明星

肯巴·沃克

KEMBA WALKER

- 位置：控球后卫
- 出生日期：1990年5月8日
- 身高：185cm
- 体重：83kg
- 效力球队：凯尔特人
- 球衣号码：8
- 荣耀：4届全明星

马库斯·斯马特

MARCUS SMART

- 位置：得分后卫
- 出生日期：1994年3月6日
- 身高：193cm
- 体重：100kg
- 效力球队：凯尔特人
- 球衣号码：36
- 荣耀：1届最佳防守阵容

杰伦·布朗

JAYLEN BROWN

- 位置：小前锋
- 出生日期：1996年10月24日
- 身高：201cm
- 体重：102kg
- 效力球队：凯尔特人
- 球衣号码：7

戈登·海沃德

GORDON HAYWARD

- 位置：小前锋
- 出生日期：1990年3月23日
- 身高：203cm
- 体重：102kg
- 效力球队：凯尔特人
- 球衣号码：20
- 荣耀：1届全明星

第　三　王　朝　传　奇　组　合

凯尔特人

新绿衫

“三巨头”归隐之后，经过一段时间的沉寂，那支熟悉的凯尔特人又回来了。铁血防守、团队进攻、死战不休、坚韧无畏……这就是“绿衫军”的风骨。

2018 年季后赛，他们的表现让人不得不向这支凯尔特人致敬。在没有凯里·欧文、戈登·海沃德两大当家球星的窘境下，年轻的“绿衫军”一路过关斩将，杀到东部决赛，将詹姆斯的骑士逼到绝境。继贾巴尔之后，杰森·塔图姆上演了劲爆的新秀表演，他的菜鸟季后赛总得分达到历史第二高的 351 分，仅比贾巴尔保持的新秀最高纪录少 1 分。

史蒂文斯教练对于这支凯尔特人的巨大影响可谓不言而喻。这位年轻的儒帅更善于激发球员的潜能，将五位球员捏合成一个整体。在没有绝对强点的情况下，他让球员彼此配合，整体攻防，并及时洞悉对手弱点，给予攻击。

2019 年夏天，凯尔特人失去欧文、艾尔·霍福德两大内外线王牌。虽然迎来全明星球员肯巴·沃克，但显然不能弥补缺失。在接下来的 2019/2020 赛季，凯尔特人却逆势上扬，打出令人激赏的团队篮球。

塔图姆交出了23.6分、7.1个篮板的成绩单，这位“曼巴传人”已疾行在通往巨星的路上。没有伤病的海沃德依然具有全明星的即战力，而杰伦·布朗、马库斯·斯马特等悍将也给予凯尔特人“硬核”的攻防。拥有沃克这位东部屈指可数的单打高手，更是让凯尔特人在关键时刻有了终结对手的刀锋。

凯尔特人五虎将

2019/2020 赛季场均数据：

杰森·塔图姆：场均 23.6 分、7.1 个篮板、2.9 次助攻

肯巴·沃克：场均 21.2 分、4.1 个篮板、4.9 次助攻

马库斯·斯马特：场均 13.5 分、3.8 个篮板、4.8 次助攻

杰伦·布朗：场均 20.4 分、6.4 个篮板、2.2 次助攻

戈登·海沃德：场均 17.3 分、6.5 个篮板、4.1 次助攻

WORLD
CHAMPIONS

指环王

凯尔特人传奇巨星

比尔·拉塞尔，一个永远与胜利交织在一起的名字。在13年的职业生涯中，他曾率领凯尔特人11次夺得总冠军，包括一波空前绝后的八连冠。『指环王』的威名垂于圣殿之上，令后来者肃然起敬。

拉塞尔在总决赛曾率凯尔特人7次击败『旷古神兽』张伯伦带领的球队。在他巨大阴影的笼罩下，杰里·韦斯特成为『最强亚军』，张伯伦究其一生只得到两枚总冠军戒指。拉塞尔用他那超越时代的卓越防守与团队配合，定义了总冠军的标杆。直到现在，他的那些『防守制胜』的篮球哲学依然被奉为经典，成为无数球队的获胜之道。

CEL TIC

大鸟

凯尔特人传奇巨星

在由黑人球员主宰的NBA里，伯德的出现被人们称为『白人的希望』。不仅如此，他与埃尔文·约翰逊的旷世对决、联袂上演的『黑白双雄』戏码也成为NBA复兴的希望。

他是最全能的球员之一，不仅是优秀的得分手、传球手、篮板手、防守专家、团队作业者，更是『关键先生』和『凯尔特人骄傲』。他优雅自信，打球时充满睿智。无论以哪一代人的目光来审视，他都能真正称得上超级巨星。

似乎以名而定的『大鸟』的这个绰号注定是伯德的。虽然速度和弹跳都不出众，但作为优雅而自信的王者，在场上的伯德总有一种『翩若惊鸿』的感觉。全面到毫无瑕疵的进攻技巧、精准的预判力和绝佳的意识，这些不属于身体天赋的才华，却让他可以打出一手漂亮的篮球。

NBA
BOSTON
34
GENTLEMEN, THIS IS VODKA.
CHIPOTLE
new balance
bizhub
BLAZERS
40

真理

凯尔特人传奇巨星

他是『巨无霸』奥尼尔眼中的『真理』，也是『皇帝』詹姆斯眼中最可畏的敌人。他可以闲庭信步，如秋水无痕般地摧毁对手。无论哪种得分方式，皮尔斯都能驾轻就熟。在他身上看不到科比的飘逸，也看不到詹姆斯的强悍，但是皮尔斯总能有条不紊地施展自己的才华，掌握球场的节奏和走势。

对于大多数球迷而言，皮尔斯就像一个大反派。他率领着凯尔特人，年复一年霸道而又蛮横地阻隔着科比、詹姆斯、韦德等人的登顶之路。

他是身中11刀却依旧驰骋赛场的『不死鸟』，他是效力『绿衫王朝』15载的『刻骨忠魂』。他是『进攻万花筒』、古典小前锋。他用伟岸宽阔的脊背撑起凯尔特人的跌宕岁月，又与加内特、雷·阿伦一起三星聚会，登顶众神之巅。而如今，他早已挥别身退，留下一段不泯的『真理』，在风中传诵。

20

绿衫王朝

波士顿凯尔特人传

Boston Celtics

●文/张学民

CELTICS
6

第一章

绿衫之源

01

“绿衫军”诞生

Boston Celtics

1630年9月17日，来自英国的移民在北美大陆创建了波士顿这座城市，这批清教徒同时带来了大洋彼岸的文明。波士顿对于整个美国来说有着特殊的意义，1773年12月，美国独立战争的导火索——波士顿倾茶事件就发生在这里。

19世纪20年代，第一波欧洲移民潮兴起，上百万爱尔兰人漂洋过海来到美国，从东海岸登陆。随着工业化革命的到来，波士顿作为美国东部的重镇，急需大量的劳动力。所以，大批爱尔兰人留在波士顿。从20世纪初起，爱尔兰人开始在波士顿政治中扮演重要角色，最广为人知的当属肯尼迪家族。

回到篮球本身，与联盟中其他29支球队不同，波士顿凯尔特人1号球衣的主人不是球员，而是球队的第一任老板沃尔特·布朗。

1905年2月10日，沃尔特·布朗出生在马萨诸塞州的霍普金顿。那里是著名的波士顿马拉松赛的起点，他的父亲乔治·布朗则是这项著名赛事的创始人。

沃尔特·布朗从新英格兰地区最好的学校埃克塞特学院毕业，他的第一个成就是挽救了当时陷入困境的波士顿马拉松赛，并使之延续至今，成为历史最悠久的马拉松赛。

布朗兴趣广泛，26岁时，他成为一个狂热的冰球爱好者。随后，他积极组织业余冰球队到欧洲比赛。1933年，他率队在捷克斯洛伐克的布拉格以2比1击败多伦多队，赢得业余冰球冠军。因为成绩优异，布朗被任命为1936年柏林奥运会美国冰球队的主教练。

1937年，布朗出任波士顿花园球馆的董事长。对布朗本人以及篮球运动来说，这都是一个重要的转折点。布朗从一个纯粹的体育爱好者，变成了一个体育商人。此时的花园球馆是波士顿棕熊队的主场。为了让球馆在NHL（北美职业冰球联赛）比赛之外不致闲置，布朗从1944年开始组织波士顿地区的大学在此进行篮球联赛。

1946年6月6日，在纽约中央车站附近的舰长饭店里，包括沃尔特·布朗在内的11家冰球队老板会聚一堂，商议成立一个全新的篮球联盟，初衷是在冰球比赛举行的间隙使球馆不致空置。于是，NBA的前身BAA（全美篮球协会）诞生了。这11支球队也成为创始球队，分别是：波士顿凯尔特人队、纽约尼克斯队、芝加哥牡鹿队、克利夫兰叛

逆者队、底特律猎鹰队、费城勇士队、匹兹堡铁人队、普罗维登斯蒸汽压路机队、圣路易斯轰炸机队、多伦多哈士奇队和华盛顿国会队。

作为联盟的一员，布朗开始着手创建这支属于自己的篮球队，并面向波士顿当地球迷征集队名。

在“旋风”“奥林匹克人”“独角兽”等众多名字中，布朗一眼就看中了“凯尔特人”。

更多人认为，作为苏格兰移民后裔，沃尔特·布朗决定用这个名字是为了纪念他们的祖先——凯尔特人。凯尔特人（Celts）是欧洲古老的民族之一，分布于西欧，现今的爱尔兰人、苏格兰人、威尔士人等都属于凯尔特人后裔。他们喜欢三叶草，对于绿色情有独钟，这些在球队的队徽中体现得非常充分：背景是一个铺满绿色的圆圈，上面绘有一朵白色的三叶草，三叶草上方是凯尔特人的英文字样。三叶草是凯尔特人的标志，自古以来就是一个象征幸运的符号。

02

东部“副班长”

Boston Celtics

凯尔特人队的历史首任教练是约翰·拉塞尔，昵称“蜜糖”（Honey）。拉塞尔的球员生涯几乎经历了前 NBA 时代的所有职业联盟。他先后效力于 20 多支球队，打过 3200 多场比赛，曾率领克利夫兰罗森布朗队夺得三次 ABL（美国国家篮球联盟）冠军，并且四次入选 ABL 全明星阵容。退役之后，他又两次担任西东大学教练，率队取得 279 胜 129 负的不俗战绩，并且赢得 1953 年 NIT（全美大学邀请赛）冠军。

1946 年 11 月 5 日，凯尔特人历史上第一场正式比赛的开赛时间比规定的时间晚了大约 1 小时，原因是凯尔特人球员查克·康纳斯在赛前热身扣篮时将木质篮板扣坏了。最终，波士顿凯尔特人以 55 比 57 惜败于芝加哥牡鹿，4329 名球迷到场观看了这场比赛。

在凯尔特人成立最初的四年里，球队一直在 BAA 的底部挣扎。1946/1947 赛季，他们的战绩仅为 22 胜 38 负，与多伦多哈士奇队并列东部倒数第一。当时，球队的得分王是身高 2.03 米的中锋康尼尔·西蒙斯，他在该赛季场均得到 10.3 分。

那个赛季的常规赛冠军，是后来被称为“红衣主教”的奥尔巴赫执教的华盛顿国会队，战绩为 49 胜 11 负。但到了季后赛，华盛顿国会队被芝加哥牡鹿淘汰出局。而费城勇士则在弗尔克斯的率领下，连克圣路易斯轰炸机和纽约尼克斯，与芝加哥牡鹿会师总决赛。1947 年总决赛，费城勇士兵不血刃，以 4 比 1 轻取芝加哥牡鹿，夺得 BAA 史上首个总冠军。

1947/1948 赛季伊始，多伦多哈士奇、底特律猎鹰、克利夫兰叛逆者和匹兹堡铁人宣布退出联盟，原本属于 ABL 联盟的巴尔的摩子弹队加入，BAA 勉强凑足了 8 支球队。“绿衫军”在这个赛季取得了 32 胜 28 负的成绩，成功杀入了季后赛。面对实力强大的芝加哥牡鹿，凯尔特人的第一场季后赛以失利告终。

1948 年 3 月 31 日算得上“绿衫军”建队以来值得纪念的日子，他们在这一天以 81 比 77 的比分扳回一局，这是凯尔特人队史第一场季后赛胜利。胜利的喜悦没能延续太久，两天之后，凯尔特人便以一场失败结束了短暂的季后赛之旅。

1948/1949 赛季，布朗聘请阿尔文·朱利安担任球队主教练，后者刚刚带领圣十字学院夺得 NCAA（全美大学体育协会）总冠军。当时，凯尔特人人员变动频繁。整个赛

季的 18 名球员当中，只有基恩·斯坦普、杰克·加芬克尔和汉克·宾德斯三人始终身披“绿衫军”战袍。那个赛季，凯尔特人 25 胜 35 负，没能进入季后赛。同样是在那个赛季，凯尔特人日后的宿敌——拥有乔治·麦肯的明尼阿波利斯湖人加入 BAA，并在加入的第一年就将总冠军揽入怀中。

1949 年夏天，在 NBA 的首任主席莫里斯·波多洛夫的操作下，BAA 兼并了国家篮球联盟 NBL 残存的 6 支球队。壮大后的 BAA 正式更名为 NBA（国家篮球协会），17 支球队被分为西部、中部、东部三个赛区，由此迈进全新的发展历程。

联盟秩序的更新并没有改变凯尔特人的命运。1949/1950 赛季，“绿衫军”以 22 胜 46 负的战绩沦落为东部赛区“副班长”，32.4% 的胜率只比西部赛区的丹佛掘金（17.7%）和滑铁卢鹰队（30.6%）高，在 NBA 全部 17 支球队中排名倒数第三。

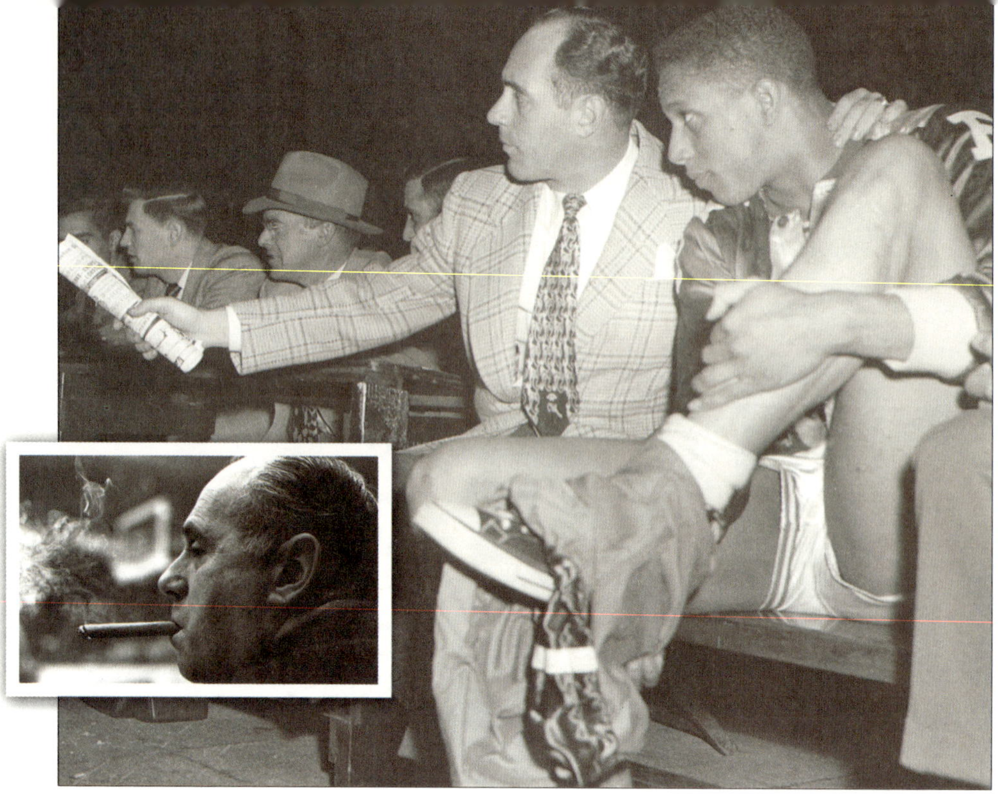

03

“红衣主教”驾到

1950 年，凯尔特人否极泰来，出现转机，阿诺德·奥尔巴赫成为队史第三任主教练，这位之后名满天下的“红衣主教”当时年仅 33 岁。

作为“战斗民族”俄罗斯的移民后裔，奥尔巴赫性格强悍、特立独行。1946 年，只有 29 岁的奥尔巴赫在华盛顿国会队开始执教生涯。在国会队执教的三年里，“少帅”奥尔巴赫率领球队两次拿到常规赛分区头名、一次常规赛冠军，并创下 81.7% 的胜率，这是此后 20 年里都没有球队到达的胜率。

也就在那一时期，奥尔巴赫养成了抽“胜利雪茄”的习惯。此后，他更是叼着雪茄，率领凯尔特人成为 NBA 夺冠次数最多的球队，一路领先于老对手湖人。不过，这是后话。在当时，奥尔巴赫的球队还越不过湖人那道坎。

1948/1949 赛季，奥尔巴赫率领国会队闯进总决赛，遇到了他一生的宿敌——明尼阿波利斯湖人。最终，湖人依靠着 NBA 史上第一位超级中锋乔治·麦肯轻松地干掉了国会队。

在 1950 年选秀大会开启前，就读于波士顿地区霍利大学的鲍勃·库西已经成为 NCAA 的焦点，他左右手均可娴熟地运球投篮，开辟了华丽控卫球风之先河 。凯尔特人原本有机会得到这位本地人气偶像，但新任主帅奥尔巴赫却执意要选中锋。显然，他依然对前一个赛季总决赛被乔治·麦肯打爆的经历耿耿于怀，渴望拥有一个能够主宰比赛的巨人。最终，奥尔巴赫用手中的“状元签”选择了身高 2.11 米的中锋查克·沙尔。

1950/1951 赛季开打前，NBA 遭遇了成立以来的第一次危机。6 支球队宣布解散，球队数量骤减到 11 支，不得不重新划分为东西两个赛区。西部包括湖人、皇家、活塞、奥林匹亚和黑鹰队 5 支球队，东部则由勇士、凯尔特人、尼克斯、国会、子弹和民族队 6 支球队组成。解散球队中的众多优秀球员流入自由市场，被各家球队瓜分。“绿衫军”成为最大受益者，他们得到了两名优秀的球员。一名球员是原本效力于圣路易斯轰炸机的爱德华·麦考利，而另外一名球员——鲍勃·库西的到来则充满了戏剧性……

芝加哥牡鹿被解散后，这三位牡鹿球员的名字分别写在三张纸条上，被放进了一顶帽子里。这三位球员分别是当时炙手可热的马克斯·扎斯洛夫斯基、安迪·菲利普和新秀控卫鲍勃·库西。凯尔特人、尼克斯和勇士的老板每人从帽子里抽出一个名字，而当时三位老板都希望得到上赛季的得分王马克斯·扎斯洛夫斯基。

“当我抽到库西的时候，我差点晕倒在地上。”凯尔特人老板布朗后来说道。奥尔巴赫压根就没有看上这位 1.85 米、以杂耍般花哨运球与背后传球著称的白人后卫，他直率地怼道：“小个子不值钱。我们是要取得胜利，而不是找本地的乡巴佬。”

事实证明，即便是睿智的“红衣主教”也有看走眼的时候。库西很快显示了自己的价值，他的表演大大提高了花园球馆的上座率，人们第一次看到背后运球和不看人传球出现在 NBA 的赛场上。

1950/1951 赛季，作为新秀的库西场均拿下 15.6 分、6.9 个篮板和 4.9 次助攻。爱德华·麦考利也大放异彩，场均得到 20.4 分、9.1 个篮板。凯尔特人取得了 39 胜 30 负的建队以来的最好成绩，可惜却在季后赛第一轮被纽约尼克斯横扫。

1951 年 3 月 2 日，在凯尔特人老板布朗的提议下，第一届 NBA 全明星赛在波士顿花园球馆举行，共有 10094 名球迷来到现场观看。东部明星联队以 111 比 94 战胜西部明星联队，爱德华·麦考利得到 20 分，在家门口拿到了 NBA 历史上首座全明星 MVP 奖杯。

1951 年休赛期，凯尔特人通过交易得到“神投手”比尔·沙曼。他和库西珠联璧合——NBA 历史上第一个超级后场组合诞生了，库西负责串联、传球和助攻，沙曼负责跑位、投篮和攻击篮下。两人合作的第一个赛季就有了良好的化学反应，库西场均得到 21.7 分、6.7 次助攻，两项数据都接近联盟的最高水准；沙曼场均得到 10.7 分，罚球命中率达 85.9%。再加上场均可以贡献“20+9”的麦考利，这三人的组合使“绿衫军”开始成为季后赛的常客。

04

首轮魔咒

Boston Celtics

从 1951 年到 1956 年，在“红衣主教”奥尔巴赫的执教下，这支凯尔特人似乎走入一个“虎头蛇尾”的怪圈：总是在常规赛打得顺风顺水，一到了季后赛就折戟沉沙。

1951/1952 赛季，凯尔特人的常规赛战绩提升至 39 胜 27 负，落后锡拉丘兹民族队一场，胜场次数排在东区第二位，季后赛第一轮被尼克斯横扫。1952/1953 赛季，凯尔特人常规赛取得 46 胜的队史最佳战绩。季后赛首轮对阵锡拉丘兹民族，球队以 87 比 81 拔得头筹。第二场生死战，双方杀得天昏地暗、难分难解。凯尔特人老板布朗不堪压力，在比赛打到第二个加时的时候，离开了自己的包厢，回到办公室喝咖啡。

比赛直到第四个加时才分出胜负，最终的比分为 111 比 105，凯尔特人取得队史第一次系列赛胜利。整场比赛，库西成为主宰比赛的英雄。他上半场仅得 7 分，下半场火力全开，整场轰下了 50 分。这是当时的季后赛的最高得分，超过了乔治·麦肯的 47 分。尽管如此，在随后的东部决赛中，“绿衫军”还是输给了尼克斯。

1953/1954 赛季，东部依然是尼克斯、凯尔特人和锡拉丘兹民族的天下，尼克斯以微弱的优势登上榜首。凯尔特人的场均得分高居联盟榜首。鲍勃·库西以场均 7.2 次助攻蝉联助攻王，并以场均 19.2 分高居得分榜第二。比尔·沙曼场均交出 16 分，继续霸占罚球命中率第一的王座。

季后赛开始后，此前连续三年闯入总决赛的纽约尼克斯竟然四战皆败，眼睁睁看着锡拉丘兹民族和“绿衫军”进入分区决赛。分区决赛也不再如之前几个赛季那样采用五局三胜制，而是缩减成三局两胜。最终“绿衫军”以 0 比 2 被民族队横扫出局。

那一年总决赛，湖人队经过 7 场苦战以 4 比 3 击败民族队。30 岁的麦肯在出场时间减少的情况下，场均仍有 18.1 分和 14.3 个篮板的贡献。湖人实现三连冠，六年收获五冠，NBA 历史上第一个王朝宣告诞生。

1954/1955赛季，联盟发生了两件大事。一是NBA史上第一个真正的超级巨星乔治·麦肯退役，“湖人王朝”随之土崩瓦解。二是民族队老板丹尼·比亚松提出，应该将24秒进攻规则引入比赛，以加快比赛节奏，这与“红衣主教”崇尚快攻的执教理念不谋而合。

凯尔特人在该赛季成为NBA历史上第一支场均得分过百的球队，他们的投篮次数、罚球次数和助攻次数都是联盟最高的。此外，奥尔巴赫还创造了“第六人”概念，来自肯塔基大学的“锋卫摇摆人”弗兰克·拉姆齐完美扮演了这一角色。

防守依然是制约“绿衫军”最大的软肋——场均失分101.5，同样高居联盟第一。因此，凯尔特人在常规赛取得了36胜36负的战绩，季后赛第一轮即遭淘汰。

凯尔特人在1955/1956赛季仍在经历个人表现与团队战绩的无限背离：库西牢牢把持着助攻王的宝座；比尔·沙曼场均得到19.9分，排在联盟第六；麦考利的场均得分也能排进联盟前十。同时拥有三名精英级球星，凯尔特人攻击力强大的背后，是薄如蝉翼般的防守，场均得分与场均失分均为联盟第一。在常规赛取得39胜33负的不错战绩后，到了“防守制胜”的季后赛。凯尔特人首轮就被锡拉丘兹民族淘汰，草草收场。

“红衣主教”意识到，他最需要的是一个能为球队带来稳定的防守和争夺篮板的内线球员。恰巧机会也来了，1956年的选秀大会出现了一个防守天才——比尔·拉塞尔。

CELTICS
6

第二章
王朝初成

波士顿凯尔特人传

01

“指环王”降临

Boston Celtics

比尔·拉塞尔，因为拥有 11 枚总冠军戒指而被称为“指环王”，他的整个职业生涯都是以胜利者的姿态而傲视群雄的。1956 年，拉塞尔已经是 NCAA 最佳球员，率领旧金山大学蝉联 NCAA 总冠军，大学生涯场均豪取“双 20+”（得分和篮板均在 20 以上）。

面对名动天下的拉塞尔，凯尔特人志在必得，但将其收入麾下的过程颇费周折。

NBA 联盟成立初期为了球市制定了一条叫“地域选秀权”的规则，即允许球队以放弃一个首轮选秀权的代价，得到一名本地的大学球员。

1956 年选秀大会，比尔·拉塞尔就读的旧金山大学方圆五十里内没有 NBA 球队，所以没有球队可以用“地域选秀权”得到他，只能用顺位选秀。凯尔特人第一轮的选秀顺位相对靠后，如果用正常的顺位选秀肯定选不到拉塞尔。

奥尔巴赫为了得到拉塞尔煞费苦心。他先是用“地域选秀权”选中与麦考利位置重叠的汤姆·海因索恩，海因索恩是圣十字学院的头号得分手。随后，他用麦考利和新秀克利夫·哈根交换圣路易斯老鹰手中的“榜眼签”。手握“状元签”的皇家队已经拥有潜力中锋莫里斯·斯托克斯，所以他们不会付给拉塞尔 25000 美元的签字费。

由此，拥有“榜眼签”的凯尔特人如愿以偿地得到了拉塞尔。

那年，“红衣主教”还在第二轮选中了拉塞尔的大学同窗 K.C. 琼斯，但他因为服兵役要等两年后才能加入球队。

1956年的选秀大会彻底改变了凯尔特人的命运，海因索恩和K.C.琼斯后来都成为“绿衫军”历史上的响亮名字。加上阵中已有的库西和沙曼，凯尔特人最重要的“擎天巨擘”比尔·拉塞尔已经归位，凯尔特人的冠军拼图终于凑齐了。

由于代表美国男篮征战 1956 年墨尔本奥运会，拉塞尔直到当年 12 月底才归队。在奥运赛场，美国男篮以八战全胜的傲人战绩夺冠，场均净胜对手53分，作为核心的比尔·拉塞尔自此名扬世界。

回到 NBA 赛场，拉塞尔彻底改变了凯尔特人的比赛方式，他的盖帽和篮板为球队带来的不只是防守的提高，重要的是，他抢下篮板后能直接把球交给库西，并由此发动

一次又一次闪电般的快攻。新秀海因索恩完美顶替了麦考利的作用，场均贡献 16.2 分和 9.8 个篮板，再加上库西和沙曼两人的场均得分都在 20 分以上，凯尔特人一夜之间成为 NBA 攻防俱佳的顶尖强队。

1956/1957 赛季，凯尔特人取得了 44 胜 28 负的联盟最佳成绩，库西和海因索恩分别荣膺常规赛 MVP 和最佳新秀。进入季后赛，他们一路过关斩将，最终在总决赛中面对鲍勃・佩蒂特领衔的圣路易斯老鹰。开赛前，人们普遍认为波士顿夺冠毫无悬念。但在总决赛首战，凯尔特人就栽了跟头，经过双加时赛以 2 分惜败于对手。总决赛第二场，凯尔特人成功扳平，之后两队各取一胜，大比分来到 2 比 2 平。

关键的"天王山之战"，凯尔特人以 124 比 109 击败对手。眼看总冠军即将到手，第六场比赛最后一刻，老鹰队前锋克利夫・哈根补进了队友鲍勃・佩蒂特投失的球，凯尔特人以 2 分之差落败。

02

首夺总冠军

Boston Celtics

“抢七大战”在波士顿花园球馆打响，NBA 首次在全美进行了电视直播。在比赛的大部分时间里，凯尔特人都保持着领先优势，但老鹰队一直穷追不舍，并在常规时间末段依靠佩蒂特的两个罚球把比赛推进了加时。加时赛末段，凯尔特人领先 2 分，然而顽强的老鹰队在最后几秒钟成功得分，又把比赛带入第二个加时。

这时，胜利的天平终于倾向了波士顿人。在吉姆·洛斯科托夫罚进第一个球后，凯尔特人领先 2 分。随着佩蒂特在终场前的投篮砸筐而出，比分最终定格在 125 比 123，凯尔特人夺得了队史第一座 NBA 总冠军奖杯。

整场比赛，拉塞尔拿下 19 分、32 个篮板，同是新秀的汤姆·海因索恩也砍下 37 分、23 个篮板。这场“抢七大战”还拉开了凯尔特人在 13 年里 11 次夺得总冠军的序幕。

赢下队史首个总冠军后，凯尔特人在 1957 年休赛期又迎来一个响当当的人物——萨姆·琼斯。在凯尔特人统治联盟的 20 世纪 50 年代和 60 年代中，琼斯在球队后场的作用甚至不亚于大名鼎鼎的库西。琼斯属于那种身体灵活、靠头脑打球的球员，关键时刻常能帮助球队化险为夷。此外，他还是打板球这项技术的开山鼻祖。

萨姆·琼斯加盟凯尔特人的过程颇为传奇。当琼斯决定在 1957 年参加选秀时，奥尔巴赫正为新秀整体质量不高而苦恼，但他又不能浪费首轮选秀权，于是他干脆听取了一位 NCAA 教练的建议，在

6
CELTICS
15
HAWKS
32
CELTICS
21
HAWKS
9
HAWKS
50

HAWKS
16
1

首轮第 8 顺位选择了来自北卡中部大学的萨姆·琼斯——一个来自不知名大学的无名之辈，而且还是 8 号签。琼斯在事后说："能被凯尔特人选中我很荣幸，但我从不觉得自己能上场，更别说进入球队阵容了。"

事实上，在被凯尔特人选中前，已经有中学邀请琼斯担任体育教师。琼斯对自己在凯尔特人的前景并不乐观，他向那所中学提出的薪酬没有得到满足。在经过了一段时间的思想斗争后，琼斯还是决定前往波士顿报到。

1957/1958 赛季，凯尔特人以 14 连胜开启卫冕之旅。拉塞尔则在自己的第一个完整赛季抢下 27.7 个篮板加冕篮板王，另外还有 16.6 分入账，并首次加冕常规赛 MVP。库西锁定助攻王，沙曼连续三个赛季成为球队得分王，场均 22.3 分排在联盟第六。

凯尔特人在那个赛季拿下了 49 胜 23 负的联盟最佳战绩。从该赛季开始，分区决赛由原来的五场三胜制改为七场四胜制。老鹰队和凯尔特人分别以 4 比 1 的相同比分击败活塞和民族，时隔一年后再次重逢总决赛。总决赛率先在波士顿开打，前两场双方平分秋色，各胜一场。

天有不测风云，等回到圣路易斯，情况急转直下，拉塞尔扭伤脚踝，老鹰队取胜第三场。尽管凯尔特人在第四战顽强地扳平比分，但佩蒂特在第六场狂砍 50 分，率队夺得了 1958 年总冠军。这也是老鹰队迄今为止获得的队史上唯一的一次总冠军。

八连冠的开端

卫冕失败给凯尔特人浇了一盆冷水，清醒过后的“绿衫军”变得更加强悍。1958/1959 赛季，K.C. 琼斯服完兵役归来，此时的二年级生萨姆·琼斯的场均得分增加到 10.7 分，凯尔特人的后场实力大幅提升。有了强援加盟，又迎回健康的拉塞尔，“凯尔特人战车”开足马力，在常规赛中豪取联盟最佳战绩（52 胜 20 负）。库西以场均 8.6 次助攻再次荣膺助攻王，拉塞尔则以场均 23 个篮板蝉联篮板王。

1959 年季后赛的征程并不轻松，凯尔特人在东部决赛遭遇锡拉丘兹民族。那个赛季，民族队的战绩不过是 35 胜 37 负，连 50% 的胜率都未达到，外界一致认为“绿衫军”会轻松取胜。但令人大跌眼镜的是，民族队竟然生生将系列赛拖入第七场。

“抢七大战”上，凯尔特人上半场一度落后 16 分。下半场，库西拿下 20 分。海因索恩拿下 25 分，弗兰克·拉姆齐拿下 28 分。拉塞尔在终场前不到两分钟六犯离场，但在那之前他一分钟也没休息，砍下 18 分、32 个篮板。最终，凯尔特人以 130 比 125 淘汰对手。

1959 年总决赛已经不再是凯尔特人对阵老鹰队的戏码，在新秀球员埃尔金·贝勒的带领下，明尼亚波利湖人强势崛起，并一路杀进总决赛。这是 NBA 两大豪门第一次在总决赛相遇，凯尔特人是名副其实的“湖人克星”，保持着对后者的 18 连胜。两队在

常规赛交锋时，凯尔特人曾以 173 比 139 血洗湖人。

面对如日中天的凯尔特人，埃尔金·贝勒领衔的湖人明显有些稚嫩。整个总决赛，拉塞尔在禁区内一柱擎天，场均抢下 29.5 个篮板，库西场均送出 12.8 次助攻。凯尔特人以总比分 4 比 0 横扫湖人，这是凯尔特人队史上的第二个总冠军，他们在三年内第二次获得总冠军。那时他们还不知道，这个 20 世纪 50 年代的最后一冠，仅仅是空前绝后的八连冠的开始。

在 1960 年的选秀大会上，凯尔特人在首轮第 8 顺位选中汤姆·桑德斯。从小弟做起的桑德斯日后扛起了“绿衫军”的防守大旗，成为拉塞尔身边最值得信赖的帮手。

1955 年，费城勇士利用“地域选秀权”提前锁定了威尔特·张伯伦，后者在 1955 年就读堪萨斯大学，率队驰骋 NCAA 赛场，杀入总决赛，并荣膺 MOP（最佳球员）。

1959 年，张伯伦宣布加盟勇士，自此“大北斗”横空出世，开始在 NBA 大放异彩。他与拉塞尔之间的“巨人对话”也由此拉开帷幕。

1959/1960 赛季，张伯伦在自己的处子赛季就场均得到 37.6 分、27 个篮板，包揽得分王和篮板王，成为 NBA 史上第一位单赛季包揽最佳新秀和常规赛 MVP 的球员。和张伯伦的个人英雄形象比起来，拉塞尔领衔的凯尔特人更凸显“团队作战”的精髓。

1959/1960 赛季，凯尔特人先发“五虎”（库西、沙曼、拉姆齐、海因索恩和拉塞尔）场均得分都超过 15 分，板凳席上的萨姆·琼斯场均得分也达到了 12 分。“绿衫军”赢下了 75 场常规赛中的 59 场，比排名第二的勇士多胜 10 场。他们场均得分更是达到了惊人的 124.5 分，在赛季初期一度取得了 17 连胜的佳绩。

1960 年东部决赛，凯尔特人对阵费城勇士，拉塞尔迎来与张伯伦的首次对决。虽然张伯伦最终在总得分上胜出拉塞尔 81 分，但他从队友那里得到的支援极其有限，拉塞尔笑到了最后，凯尔特人以 4 比 2 淘汰费城勇士，挺进总决赛。

1960 年总决赛，凯尔特人的对手又是圣路易斯老鹰，这是两支球队四年来第三次在总决赛中相遇。老鹰队常规赛的战绩是 46 胜 29 负，虽然胜场相差 13 场，但老鹰队面对凯尔特人还是毫无惧色，原因便在于他们的主帅正是昔日凯尔特人的功勋球员，后来在拉塞尔交易中被换走的爱德华·麦考利。

总决赛前四战，这对冤家战成 2 比 2 平。在“天王山大战”中，凯尔特人展现出冠军的实力，以 25 分的强大优势狂胜对手。坚韧不拔的老鹰队在第六战以 3 分优势将总比分扳平。

“抢七大战”在波士顿花园球馆打响，拉塞尔无人可挡，砍下 22 分、抢下 35 个篮板，库西和拉姆齐也分别贡献 19 分、14 次助攻和 24 分、13 个篮板。凯尔特人最终以 122 比 103 拿下抢七局，卫冕成功，连续第二年夺得总冠军。

第三章
八连冠伟业

01

四冠蝉联

Boston Celtics

20 世纪 50 年代末 60 年代初是 NBA 人才井喷的时期。继张伯伦横空出世后，在 1960 年的选秀大会上，两位天才后卫“大 O”奥斯卡·罗伯特森和“Logo Man”杰里·韦斯特同时加入联盟。此外，凯尔特人的老对手湖人在这一年从明尼亚波利斯搬迁至洛杉矶，成为第一支落户美国西海岸的 NBA 球队。

唯一不变的是，凯尔特人依然是联盟最强的球队。这个赛季，常规赛场次增加到了 79 场，凯尔特人独孤求败，以 57 胜笑傲联盟，高出第二名老鹰队 6 个胜场。拉塞尔场均得到 16.9 分、23.9 个篮板、3.4 次助攻，力压张伯伦、贝勒等人拿到了第二座常规赛 MVP 奖杯。

整个 1961 年季后赛，凯尔特人只输了两场球。他们在东部决赛以 4 比 1 轻松淘汰锡拉丘兹民族，随后又在总决赛中以 4 比 1 击溃老鹰队，成为继湖人之后，NBA 历史上第二支完成三连冠伟业的球队。

1960/1961 赛季也是比尔·沙曼职业生涯的最后一个赛季，这位 35 岁的“神投手”为“凯尔特人王朝”的初创立下汗马功劳。他连续八个赛季罚球命中率排名联盟第一，四个赛季都是球队的得分王。“他就是那个时代的投篮教科书。”库西对这位老搭档的评价非常高。随着沙曼的退役，他所穿的 21 号战袍也高悬在花园球馆的上空。

1961/1962 赛季，张伯伦单场豪取 100 分，但常规赛 MVP 依然属于场均得到 18.9 分和 23.6 个篮板的拉塞尔。原因很简单，那就是拉塞尔带领凯尔特人拿到了 NBA 联盟历史上的第一个 60 胜。

萨姆·琼斯完美弥补了沙曼留下的空缺，他场均贡献 18.4 分、5.9 次助攻，首次入选全明星赛，而他真正大放异彩的还是在季后赛中，场均得分达到 20.6 分。

凯尔特人通往四连冠的道路上可谓荆棘满途，在东部决赛和总决赛中两次陷入“抢七大战”。在东部决赛，凯尔特人不出意外地遭遇了张伯伦领衔的勇士，这是一场团队篮球与个人英雄主义的史诗对决。双方打完前六场，总比分是3比3。“抢七”最后时刻，双方战成107平，距离比赛结束只剩2秒钟，就在费城勇士看到扳倒“绿衫军”的曙光时，萨姆·琼斯在张伯伦面前跳投得分，109比107，凯尔特人赢得最终胜利。

闯入了总决赛，埃尔金·贝勒和杰里·韦斯特领衔的湖人严阵以待。那个赛季，湖人在常规赛取得54胜，位居西部第一，可谓实力强劲。

1962年总决赛揭幕战，凯尔特人以122比108轻松取胜。年轻的湖人在第二场以129比122扳回一局。总决赛第三场，湖人在主场创纪录的15180名观众的助威声中越战越勇，韦斯特压哨投篮命中，助湖人以117比115险胜凯尔特人。第四场，凯尔特人没有让湖人得势，以115比103毫无争议地将总决赛带回了波士顿。

在花园球馆进行的第五战简直是“绿衫军”的噩梦。贝勒大发神威，砍下令人瞠目结舌的61分，还抢下22个篮板，带领湖人以126比121获胜。直到现在，61分仍是总决赛的个人单场得分最高纪录。连防守专家桑德斯都感叹：“我宁可你们说我的防守一无是处，埃尔金·贝勒简直就是一台‘得分机器’！”

“绿衫军”被逼到了悬崖边上，但他们没有放弃，第六场以119比105扳平总比分。“抢七大战”惊心动魄，客场作战的湖人原本有希望在常规时间就结束战斗，但弗兰克·塞尔维最后时刻的空位压哨跳投不中，两队打成100平。

加时赛中，萨姆·琼斯拿下5分，拉塞尔拿下4分。最终，凯尔特人以110比107赢得比赛，以总比分4比3逆转湖人，夺得1962年NBA总冠军，缔造了前无古人的四连冠。这个纪录很难被后人打破，除了凯尔特人自己。

02

空前五连冠

Boston Celtics

1962/1963 赛季开始前，34 岁的鲍勃·库西宣布这是他职业生涯的最后一个赛季。早在三年前，他连续七届的助攻王以及联盟首席控卫的宝座已然被“大 O”罗伯特森夺走，这里也许已经不是他的江湖了。

库西宣布归隐，奥尔巴赫不得不考虑凯尔特人的更新换代问题。K.C. 琼斯已经做好了接班库西的准备。然而，奥尔巴赫担心的是谁来分配进攻资源。在 1962 年的 NBA 选秀大会上，凯尔特人在首轮第 7 顺位摘得约翰·哈夫利切克，这位青年才俊的到来解决了“红衣主教”的后顾之忧。

1962/1963 赛季，NBA 发生了一些变动。拥有张伯伦的费城勇士搬到了西海岸的旧金山，更名为旧金山勇士。后来这支球队又搬迁到奥克兰，成为现如今闻名遐迩的金州勇士。此外，拥有“大 O”罗伯特森的辛辛那提皇家被划到东部赛区。

1963 年 3 月中旬，库西在最后一场常规赛中做了退役演说，原本 7 分钟的告别演说因为库西情绪太激动而延长到 20 分钟。正当他哽咽之时，一位球迷打破了沉闷，“我们爱你，库西！”全场观众的情绪也被随之点燃，库西顿时泪眼婆娑。

1962/1963 赛季常规赛，凯尔特人以 58 胜 22 负的战绩领跑全联盟，拉塞尔连续第三年捧起常规赛 MVP 奖。勇士

搬走了，“绿衫军”在东部的对手变成“大O”罗伯特森领衔的辛辛那提皇家。

在主帅查尔斯·沃尔夫的调教下，皇家队进攻犀利，场均得到119.1分，位居联盟第二。首轮，东部第三的皇家队出人意料地以3比2淘汰了排在东部第二、胜场比他们多出6场的锡拉丘兹民族。而到东部决赛，他们又和凯尔特人拼杀到“抢七大战”。尽管“大O”砍下43分，但“绿衫军”多点开花，“关键先生”萨姆·琼斯出场30分钟便疯狂砍下47分，拉塞尔送出20分、24个篮板，库西贡献20分、16次助攻，凯尔特人最终赢下比赛。

1963年总决赛，凯尔特人的对手依然是埃尔金·贝勒和杰里·韦斯特领衔的湖人，“紫金军团”在西部决赛以4比3艰难地淘汰了老鹰队。凯尔特人拿下前两场胜利，湖人第三场扳回一城。随后凯尔特人再次拿下比赛，并以3比1的总比分领先湖人。第五场比赛，湖人开始反击，海因索恩被驱逐出场，库西也六犯离场，并且仅得到12分，而贝勒和韦斯特分别砍下43分和32分，湖人以126比119将总决赛拖到第六场。

总决赛第六场，凯尔特人凭借哈夫利切克的神勇表现一度建立了14分的领先优势。不料，第四节场上风云突变，库西扭伤脚踝，湖人趁机将比分追到只差2分。关键时刻，海因索恩抢断了韦斯特传给鲁迪·拉鲁索的球并上篮命中，凯尔特人在最后时刻领先3分。

此时，库西带伤出战，最后一次在总决赛舞台施展他的运球绝技，他如穿花蝴蝶般巧妙地躲避了湖人的围追堵截，将最后的时间消耗。凯尔特人最终在客场以112比109战胜湖人，赢得五连冠，库西的职业生涯也画上了一个完美的句号。

03

六连冠达成

Boston Celtics

鲍勃·库西拥有令人眼花缭乱的运球绝技和天马行空的不看人传球技术，开启了华丽控卫球风的先河，之后的“手枪”皮特·马拉维奇、“魔术师”埃尔文·约翰逊、“白巧克力”贾森·威廉姆斯等人都受到他的影响。

虽然库西掌舵“绿衫军”13 载，但他的归隐没有放慢凯尔特人统治联盟的脚步，拉塞尔成为“绿衫军”新的领军人物。

1963/1964 赛季，奥尔巴赫将 K.C. 琼斯提进首发。与库西的华丽球风不同，K.C. 琼斯是个低调的场上指挥官，并为球队带来了强劲的火力和彪悍的防守。汤姆·桑德斯出任三号位首发，四号位上的海因索恩则是内线第一火力点。拉塞尔场均得到职业生涯最高的 24.7 个篮板，从张伯伦手中夺回了阔别四年的篮板王头衔。“超级第六人”哈夫利切克场均贡献 19.9 分，成为球队得分王。

凯尔特人以 59 胜 21 负的战绩继续稳坐联盟战绩榜的第一宝座。1964 年东部决赛，

凯尔特人只用了 5 场比赛，就解决掉了“大 O”罗伯特森和杰里・卢卡斯领衔的皇家队。当勇士和老鹰队在西部决赛大战七场时，“绿衫军”早已在总决赛的赛场上等得不耐烦了。

1964 年总决赛，对阵的两支球队是凯尔特人和勇士，拉塞尔又一次对决张伯伦，此前在东部上演的戏码得以在总决赛舞台上重现，这也是波士顿与旧金山两座东西部城市的较量。

前两战，“绿衫军”净胜勇士 35 分，勇士回到主场后扳回一局。关键的第四战，张伯伦拼尽全力抢下 38 个篮板，可依然无法挽回以 3 分败北的局面，凯尔特人把系列赛总比分改写为 3 比 1。

第五战，拉塞尔和张伯伦上演了一出如神仙打架般的好戏：两人都打满 48 分钟，拉塞尔砍下 14 分、26 个篮板和 6 次助攻，张伯伦得到 30 分和 27 个篮板。凯尔特人在主场以 105 比 99 击败勇士，并以 4 比 1 的大比分赢下总决赛，夺得第六个总冠军。时至今日，北美体坛依然没有任何一支球队超越六连冠这一伟大成就。

04

“抢来”的第七冠

Boston Celtics

夺冠的喜悦没有持续太久，波士顿就传来噩耗。1964 年 9 月 7 日，凯尔特人队的第一位老板，同时也是 NBA 创始人之一和全明星赛的倡导者沃尔特·布朗与世长辞。

为了纪念这位伟大的开创者，NBA 官方决定将总冠军奖杯以沃尔特·A. 布朗的名字命名，凯尔特人专门为他退役了 1 号球衣以示纪念。

布朗的去世为凯尔特人的七连冠征途蒙上了一层阴影。此外，休赛期还发生了另一件大事，张伯伦通过交易重回东部，加盟家乡球队费城 76 人。

1964/1965 赛季常规赛，“绿衫军”化悲痛为力量，打出刷新队史纪录的 62 胜 18 负，胜率高达 77.5%，比排名第二的湖人整整多赢 13 场。拉塞尔当赛季得到 14.1 分、24.1 个篮板，蝉联篮板王的同时还斩获了职业生涯第五座常规赛 MVP 奖杯。那个赛季，奥尔巴赫也终于获得联盟认可，职业生涯首次也是唯一一次当选年度最佳教练。

张伯伦的到来使 76 人实力大涨，战绩从前一个赛季的 34 胜 46 负提高到 40 胜 40 负。

BOSTON GARDEN
VISITORS
HOME
TIME OUT
BOSTON CELTICS

CELTICS

季后赛首轮以3比1淘汰辛辛那提皇家后，76人与凯尔特人“众望所归”地在东部决赛相遇了。前六场，每当“绿衫军”取得领先，76人总能不慌不忙地追上。就这样，前六场双方战至3比3平，系列赛被迫拖入第七场。

1965年4月16日，东部“抢七大战”正式打响，这也成为NBA季后赛史上最为经典的比赛之一。凯尔特人凭借主场之利，在终场前2分钟领先7分。但此后场上风云突变，张伯伦连得6分，在终场前5秒将比分追到109比110。随后，拉塞尔出现失误，76人获得绝杀比赛的良机，如果他们接下来将球打进，凯尔特人的七连冠之旅将戛然而止。

暂停过后，76人发球，哈尔·格里尔本想将球传给篮下的张伯伦，但看到拉塞尔死死缠住“大帅”，于是他临时改变主意将球传给无人看管的查特·沃克。就在沃克即将接到球的一刹那，哈夫利切克从斜刺里杀出，生生将球断下，然后传给萨姆·琼斯。

现场顿时爆发出雷鸣般的欢呼声，凯尔特人传奇解说员约翰尼·莫斯特激情澎湃地狂吼道：“哈夫利切克抢断了！哈夫利切克抢断了！一切都结束了！”伴随着他的解说，琼斯带球推进前场耗光比赛时间。最终，凯尔特人淘汰76人，挺进总决赛。

疯狂的球迷涌进了球场，把哈夫利切克团团围住，然后将他高高举起，以此来庆祝胜利。哈夫利切克的这次抢断也成为NBA历史上最经典的时刻之一。

由于埃尔金·贝勒在西部决赛第一场撞伤了膝盖，1965年的总决赛远不及东部决赛扣人心弦。失去主将的湖人只拿到一场胜利，凯尔特人只用了五场比赛就达成了七连冠。

回溯凯尔特人第七次夺冠的历程，哈夫利切克可谓厥功至伟。勤奋、坚毅、自信、果断，哈夫利切克拥有成功球员的必要特质。正是因为他的坚持不懈，凯尔特人才在关键时刻得到命运的垂青，那也是“绿衫军”的王者底蕴之所在。

05

八连冠神话

Boston Celtics

1965/1966 赛季，“凯尔特人王朝”的根基开始出现松动。海因索恩在休赛期宣布退役，拉塞尔失去了重要的内线帮手。球队首发五人中的萨姆·琼斯、K.C. 琼斯以及拉塞尔都已年过三十，到了快退役的年纪。

1966 年 1 月，奥尔巴赫宣布这个赛季将是他执教的最后一个赛季。“我必须停下来了，再不停下来就是自杀。”奥尔巴赫后来在自己的自传中写道，“我彻底累垮了，如果不做教练的话，我就不用盯着训练，只需要不断给球队搞来好球员就行了。”

76 人在这个赛季异军突起，常规赛收官阶段的 21 场比赛拿下了 18 场，以 55 胜 25 负的战绩终结了凯尔特人对东部长达十年的垄断。张伯伦以场均 33.5 分继续垄断得分王，又以 24.6 个篮板蝉联篮板王，时隔五年再次加冕常规赛 MVP。

“绿衫军”上下很清楚，想要实现八连冠绝非易事。

CELTICS
6
CELTICS
PLAYER FOULS

16
17

这样的担忧在季后赛首轮就得到了验证，面对“大O”罗伯特森领衔的辛辛那提皇家，凯尔特人险些翻船。三场比赛过后，凯尔特人以总比分1比2落后，再输一场就要回家钓鱼（五局三胜制）。“绿衫军”此时如梦初醒，他们在客场获得胜利。第五场在波士顿开战，萨姆·琼斯砍下35分，拉塞尔贡献16分、31个篮板。比赛还剩1分半钟时，奥尔巴赫终于可以放松一下，他点燃一根雪茄，凯尔特人最终以112比103击败皇家队。

“绿衫军”磕磕绊绊地挺进东部决赛，张伯伦和他的76人已经等候多时。这是张伯伦的球队第5次在季后赛与凯尔特人狭路相逢，此前的4次张伯伦无一胜绩。出乎意料的是，以逸待劳的76人完全迷失，凯尔特人仅用5场比赛就击败对手，再次杀进总决赛。

1966年总决赛的主题依旧是“黄绿大战”。湖人通过加时以133比129先下一城。为了给弟子们重振士气，奥尔巴赫在总决赛第二战之前宣布，下赛季比尔·拉塞尔将接过帅印，这意味着后者将成为NBA历史上第一位黑人教练，会以球员兼教练的双重身份出现在赛场上。此举果然起到了效果，“绿衫军”此后连胜三场。志在掀翻“凯尔特人王朝”的湖人没有束手就擒，而是顽强地扳平大比分。

“抢七大战”一波三折，凯尔特人开场取得大比分领先。韦斯特随后开启个人攻击模式，率领湖人在第四节打出了33比19的得分高潮。终场前25秒，“绿衫军”眼看要被防成24秒进攻违例，萨姆·琼斯用一记跳投终结了比赛。在奥尔巴赫的告别战中，凯尔特人众将完美演绎了“老兵不死，只会慢慢凋谢”这句话。球队最终以95比93险胜湖人，凯尔特人完成了NBA史上惊世骇俗的八连冠。

作为主教练的奥尔巴赫最后一次在球场上点燃“胜利雪茄”。他执教的球队完成了前无古人，很可能也是后无来者的壮举。

从1959年到1966年，连续8年，凯尔特人从未让NBA总冠军旁落。他们在11年内夺得10次总冠军，霸道地统治联盟长达10年之久，缔造了NBA史上最为伟大的“绿衫王朝”。

5
BOSTON CELTICS
22 14
23 15
21 25
24 6
BOSTON CELTICS 1961 WORLD CHAMPIONS
BOSTON CELTICS 1963 WORLD CHAMPIONS

1966 WORLD CHAMPIONS
BOSTON CELTICS 1962 EASTERN DIV CHAMPIONS
PHILA 13
CELTICS 6
PHILA 32
CELTICS 17
PHILA 15

第四章 十二冠神话

波 士 顿 凯 尔 特 人 传

01

大逆转，第十冠

Boston Celtics

1966年夏天，在八连冠的庆祝仪式上，奥尔巴赫兑现了诺言，将主教练的位置传给了爱徒拉塞尔。戴着9枚总冠军戒指的“红衣主教”改任凯尔特人总经理，开始退居幕后。自此，那片从1950年开始覆盖NBA的“巨大阴影”消散了……

奥尔巴赫就是胜利、顽固、粗暴和桀骜不驯的代名词，他率领凯尔特人收割胜利，残忍无情地吞噬一切。随着波士顿花园球馆的总冠军旗帜一面面升起，那个时代的所有强者们都成为“绿衫军”的“刀下亡魂”。那些被残酷王道统治的豪强们，做梦都想击败凯尔特人。而“红衣主教”的离去，似乎给了他们一线良机。

接棒执教凯尔特人，拉塞尔成为NBA历史上第一位黑人教练，同时他依旧是凯尔特人的主力中锋，身兼球员与教练双重职务。在他执教的首个赛季，凯尔特人取得60胜21负的不俗战绩。1967年季后赛首轮，凯尔特人以3比1轻松淘汰尼克斯。萨姆·琼斯在最后一场狂砍51分，刷新了“绿衫军”季后赛单场得分纪录。

1966/1967赛季注定是属于张伯伦和76人的。饮恨1966年东部决赛后，76人请来了“绿衫军”的克星亚历山大·默里·汉纳姆，此人正是1958年战胜凯尔特人的那支圣

路易斯老鹰队的主教练。如果不是他，“绿衫军”恐怕早已完成了十连冠伟业。

这个脾气火爆的小个子教练上任后的第一把火就烧向了队内头号球星张伯伦。他要求张伯伦减少投篮，多传球，加强防守。1966/1967 赛季，张伯伦的场均得分锐减到 24.1 分，垄断 8 年的得分王宝座就此旁落。而张伯伦的其他数据均有提高，以场均 24.2 个篮板蝉联篮板王，场均助攻 7.8 次排名联盟第三。张伯伦的转变让 76 人受益匪浅，他们在常规赛取得 68 胜 13 负的骄人战绩，成为 NBA 历史上首支胜率超过 80% 的球队。

1967 年东部决赛，与如日中天的 76 人相比，凯尔特人渐显老态。5 场恶战后，球队以总比分 1 比 4 败下阵来。这是波士顿在过去 10 个赛季里第一次被拒于总决赛的大门外，也是凯尔特人在 20 世纪 60 年代唯一输掉的一个季后系列赛，连冠纪录就此画上句点。

在那年的总决赛中，张伯伦率领 76 人以 4 比 2 战胜由里克·巴里领衔的旧金山勇士，拿到队史第二个总冠军，同时也是张伯伦个人生涯的第一冠。

成王败寇，胜利者只有一个，这是竞技体育的魅力，也是其残酷之处。1967 年休赛期对于凯尔特人来说并不好过，“绿衫军”无论走到哪里，都会招致当地球迷的嘲笑：“凯尔特人完蛋啦，‘绿衫王朝’终结啦。”

已经习惯站在巅峰俯视整个联盟的凯尔特人终于被外界的言行激怒了，以至于当新赛季开战前大家聚在一起时，众人的眼里全都是复仇的怒火。

凯尔特人想要卷土重来并非易事，球队阵容的平均年龄又增长了，加之 K.C. 琼斯在赛季开始前宣布退役，“绿衫军”失去了后场防守尖兵。“指环王”的执教能力在困难时期得到展现，他最大限度地延缓了凯尔特人的衰退速度。

1967/1968 赛季，NBA 展开了轰轰烈烈的扩军，西雅图超音速和圣迭戈火箭（休斯敦火箭前身）宣布加入联盟。由于这两支新军被划为西部，出于平衡方面的考虑，活塞去了东部。NBA 球队数量增至 12 支，常规赛也增加到了 82 场。

与此同时，一个崭新的职业篮球联盟 ABA 也在那一年应运而生。而 ABA 的首任总裁不是别人，正是 NBA 历史上第一位超级巨星乔治·麦肯。ABA 成立之初有 11 支球队，每队各打 78 场常规赛，一些没有 NBA 球队的大城市，诸如达拉斯、丹佛和奥克兰等都在 ABA 有了职业篮球队。

1967/1968 赛季的常规赛，76 人如预期的那样势不可当，张伯伦率领球队以 62 胜 20 负高居联盟之巅，凯尔特人则以 54 胜 28 负位居东部第二。此时，外界几乎一致认为

76 人将开启新的王朝。

季后赛首轮，凯尔特人以 4 比 2 战胜活塞晋级，并与 76 人会师东部决赛。前四场打完，76 人顺利地以 3 比 1 领先并拿到赛点，再次进军总决赛似乎不在话下。而被逼到悬崖边上的凯尔特人则不得不面临背水一战。

奇迹真的发生了。也许是 76 人麻痹大意，接下来的两场比赛竟然被“绿衫军”偷得两场胜利，双方打成 3 比 3 平。

双方的“抢七大战”十分胶着，终场前 1 分钟，33 岁的拉塞尔如天神下凡般接管比赛。他先稳稳命中罚球，随后又招牌式地盖掉对手的上篮，并抢下篮板。眼疾手快的他随后又送出一次妙传，“绿衫军”连胜三场，以总比分 4 比 3 淘汰 76 人。

完美复仇后，拉塞尔直言：“这是我职业生涯最令人满意的胜利。”

1968 年总决赛，凯尔特人面对的是老对手湖人。在凯尔特人的八连冠当中，有 5 次总决赛的对手是湖人，分别是 1959 年、1962 年、1963 年、1965 年和 1966 年。总决赛前 4 场，两队战平。但第四场最后阶段，湖人队头号球星杰里・韦斯特的脚踝严重扭伤。

带伤作战的韦斯特在第五场砍下 35 分，但拉塞尔在加时赛最后关头盖掉贝勒的投篮，湖人功亏一篑。第六场，在西部大论坛球馆 17500 名观众的注视下，凯尔特人以 124 比 109 战胜湖人，夺得了十年里的第九个总冠军，也是队史的第十冠。“指环王”也成为美国主流体育联盟中第一位率队夺冠的黑人主教练。

02

王朝完美落幕

Boston Celtics

1968 年夏天，76 人高层做出了一个让他们后悔终生的决定：送走威尔特・张伯伦。这一决定引起了洛杉矶湖人的兴趣，湖人用杰里・钱伯斯、达雷尔・拉姆霍夫和阿尔齐・克拉克三个人打包换来张伯伦一人。后来的事实证明，76 人成为这笔交易中唯一的输家：虽然连续三年杀进季后赛，但均止步于半决赛，再往后的 5 年，他们甚至没能踏进季后赛。

这一年，萨姆・琼斯和拉塞尔分别是 35 岁和 34 岁。1968/1969 赛季是拉塞尔身兼球员和教练的最后一个赛季。凯尔特人以 48 胜 34 负的常规赛战绩只能排在东部第四，落后排名东部第一的巴尔的摩子弹（华盛顿奇才前身，与前文提到的巴尔的摩子弹并不是同一支球队）9 个胜场。这是“绿衫军”自 1956/1957 赛季以来最差的常规赛战绩。

季后赛首轮，凯尔特人遭遇当赛季常规赛战绩 55 胜 27 负、位居东部第二的 76 人。张伯伦的离去让 76 人的实力大打折扣，凯尔特人以 4 比 1 轻松过关。东部决赛的对手是“盗帅”沃尔特・弗雷泽率领的尼克斯，尽管纽约人取得了 54 胜 28 负的常规赛战绩，但在“绿衫军”面前还是毫无招架之力。凯尔特人以 4 比 2 胜出，再度杀入总决赛。

1969 年总决赛，凯尔特人的对手是坐拥韦斯特、张伯伦和贝勒三位“远古神兽”的湖人。休赛期换来“张大帅”的“紫金军团”决心一雪前耻。

“绿衫军”一上来就见

识了“三巨头”的威力，韦斯特在揭幕战砍下53分、10次助攻的恐怖数据。前两场比赛，凯尔特人难求一胜，系列赛形势岌岌可危。回到波士顿，凯尔特人再一次展现了极其顽强的斗志，连扳两局。

总决赛第四场对凯尔特人非常关键。终场前七秒，凯尔特人落后1分，如果再输掉这场比赛，就将带着1比3的大比分被动地到洛杉矶打客场。凯尔特人叫了暂停，拉塞尔安排萨姆·琼斯执行最后一投。琼斯果然不负“关键先生”的美名，这记跳投越过张伯伦的指尖，打前筐、弹后筐，然后掉进篮筐。89比88，凯尔特人将大比分扳为2比2平。

随后，两队各胜一场，又来到了惊心动魄的第七场决战。1969年5月5日，当凯尔特人球员走进湖人主场准备“抢七大战”时，球场上空已经挂起象征胜利的彩色气球。这是湖人老板杰克·库克的主意。他准备了数千只气球，放在球馆顶棚，准备在湖人夺冠时让气球从天而降，气球上甚至还写着“世界冠军湖人”。这样的场景深深地刺激了“绿衫军”。

开场后，凯尔特人率先进入状态，打出一波24比12的进攻高潮。韦斯特率队在半场结束前将比分追至56比59。第三节，唐·尼尔森火力全开，单节砍下12分。凭借一波11比0的得分高潮，凯尔特人在第四节开始阶段一度以91比74领先17分之多。落后的湖人选择了孤注一掷，全场找不到罚球准星的张伯伦被教练巴奇·范布雷德·考尔夫摁在板凳席上。

就在“张大帅”离场的瞬间，场上形势风云突变。韦斯特几乎以一己之力帮助球队紧咬比分，他包办了场上的一切，湖人甚至一度追到106平。最后时刻，凯尔特人握有球权，湖人组织起了严密的防守，“绿衫军”不

断传球，始终找不到合适的出手机会。最终，球鬼使神差地传到了尼尔森手中，眼看时间所剩无几，尼尔森在哨响前慌乱地将球向篮筐扔去。

全场球迷屏气凝神，只见球在篮筐上颠了一下，没进；球弹起来砸到篮板，又落下来砸在篮筐上，还是没进；弹起后的球又砸到了篮板上，再度落下，球进了！

108 比 106，凯尔特人以 2 分险胜湖人，以总比分 4 比 3 夺得第 11 个总冠军。回到更衣室，拉塞尔面对记者时已是泣不成声，这次“绿衫军”的夺冠之旅是最艰难的，从首轮开始便没有主场优势。

值得一提的是，在 1969 年的总决赛中，NBA 官方首次颁发了总决赛 MVP 奖杯。在那年的总决赛七场大战里，韦斯特场均可以拿到 37.9 分、4.7 个篮板和 7.4 次助攻，并最终当选总决赛 MVP，由此成为 NBA 历史上唯一一位输掉总决赛却仍能获得 MVP 的球员。

凯尔特人对此却没有任何意见，哈夫利切克在后来说：“在那些季后赛交手中，最让我感到难过的就是杰里·韦斯特。他非常伟大，但是却总输给我们。”

1969 年 6 月 30 日，“指环王”比尔·拉塞尔正式宣布退役。

从 1956 年以首轮第 2 顺位加盟凯尔特人，到 1969 年功成身退，拉塞尔的 13 年职业生涯都奉献给了“绿衫军”。他场均砍下 15.1 分、22.5 个篮板和 4.3 次助攻，12 次入选全明星，11 次入选年度最佳阵容，4 次夺得联盟篮板王，5 次荣膺常规赛 MVP，率领凯尔特人在 13 年内 12 次杀入总决赛，豪取 11 个总冠军，其中包括一波惊人的八连冠，建立了空前绝后的“绿衫王朝”，也让这一时期的“绿衫军”成为 NBA 历史上不可复制的“终极王朝形态”。

然而随着“王朝巨擘”拉塞尔的离去，统治 NBA 长达 13 年之久的“绿衫王朝”也渐渐落下了帷幕，留下一段令后世顶礼膜拜的 11 冠神话。

回溯队史，凯尔特人从来就不乏大牌球星，但他们更崇尚整体进攻。“红衣主教”奥尔巴赫将坚韧强悍、团队至上的风骨理念植入球队。他们扼杀优雅、撕碎华丽，让张伯伦、韦斯特等一干人气巨星徒留空叹。

03

成长的阵痛

Boston Celtics

拉塞尔在退役的同时也离开了主教练岗位，奥尔巴赫邀请昔日弟子海因索恩出山，后者成为凯尔特人队史第五任主教练。在担任凯尔特人主教练之前，海因索恩已经在解说员的岗位上工作了 3 年。由于他敢于质疑那些不利于凯尔特人的吹罚，在波士顿当地球迷中颇受欢迎。他以球员、教练、解说员三种身份参与了凯尔特人全部 17 次总冠军夺冠历程，这份经历绝无仅有。

虽然球队选来了潜力新人乔·乔·怀特，并得到有 4 年 NBA 比赛经验的内线球员亨利·芬克尔，但很明显，他们两个远不能弥补拉塞尔留下的空缺。1969/1970 赛季，凯尔特人遭遇了开局四连败，创下上届冠军最差开局纪录。之后，他们连赢 3 场，但接下来又遭遇七连败。最终，“后拉塞尔时代”第一年，凯尔特人只得到了 34 胜 48 负的战绩，20 年来首次无缘季后赛，正式宣告“凯尔特人王朝”的落幕。

1970 年总决赛，洛杉矶和纽约这两大城市球队首次交锋。最终，拥有威利斯·里德和“禅师”菲尔·杰克逊的尼克斯以总比分 4 比 3 战胜湖人赢得队史上首个总冠军。

1970/1971 赛季，NBA 再度扩军。布法罗勇敢者（洛杉矶快船前身）、克利夫兰骑士和波特兰开拓者同时加盟 NBA，联盟球队数量激增到 17 支。为此，NBA 首次划分为四大赛区，分属东西部两大联盟。

1970/1971 赛季，凯尔特人对球队阵容做出了大规模调整。他们在选秀大会上用手中的 4 号签选来了戴夫·考恩斯，尽管这名来自佛罗里达州立大学的新人并不被人看好，但“红衣主教”坚信自己的眼光：“一个勇于奉献的孩子并不一定是无名之辈，他能很好地完成任务。”

海因索恩让哈夫利切克和有 9 年 NBA 比赛经验的老将唐·尼尔森担任球队锋线上的首发，同为 24 岁的唐·钱尼和二年级生乔·乔·怀特搭档后场。但凯尔特人只取得了 44 胜 38 负的战绩，并再一次被拒于季后赛的大门外。

“绿衫军”并非一无所获，戴夫·考恩斯在处子赛季便大放异彩。控卫出身的考恩斯拥有大个子球员少见的运球能力，也为他成为技术流派的中锋奠定了基础。作为拉塞

尔的接班人，绰号“野人”的考恩斯虽然统治力不及“指环王”，但却继承了“绿衫军”的一贯风格，非常善于用对抗和防守来鼓舞全队。他在新秀赛季便能砍下 17 分和 15.4 个篮板，和开拓者的乔夫·皮特里一同获得了最佳新秀的殊荣，这也是 NBA 历史上第一次有两名新秀同时被评为最佳。而纵观整个 NBA 历史，这样的情况也不过出现了 3 次。

1971 年，NBA 诞生了一支新的总冠军球队。成立仅 3 个赛季的密尔沃基雄鹿通过选秀得到“天勾”贾巴尔，又将“大 O”罗伯特森招入麾下。两人率队以 4 比 0 横扫巴尔的摩子弹夺冠，这是贾巴尔与罗伯特森的首冠。

1971/1972 赛季，拉塞尔退役对于凯尔特人的影响终于在这个赛季开始渐渐散去，凯尔特人的成绩继续平稳提升。年过三十的哈夫利切克成为球队核心，他场均得到 27.5 分和 7.5 次助攻，分别排在联盟得分和助攻榜的第 3 位和第 5 位。此外，哈夫利切克还是个不折不扣的“铁人”，那个赛季有 82 场常规赛，他保持全勤，场均出场时间达到惊人的 45.1 分钟。在季后赛的 11 场比赛中，哈夫利切克的场均出场时间更高达 47 分钟，这样高的出勤率让人肃然起敬。

与此同时，新秀考恩斯也在不断进步，场均得分上涨到 18.8 分，每场还贡献 15.2 个篮板。常规赛上，凯尔特人取得了 56 胜 26 负的不俗战绩，成为大西洋赛区的冠军。然而，这个时候的“绿衫军”依然无力在季后赛中更进一步，他们在东区决赛被尼克斯

NEW YORK
19
CELTICS
18

淘汰出局。

那一年，最后的赢家是洛杉矶湖人。他们在常规赛打出 NBA 历史最好的 33 连胜，并在总决赛上以 4 比 1 复仇尼克斯。有趣的是，率领湖人缔造这些成就的主教练不是别人，正是昔日凯尔特人的功勋后卫比尔・沙曼。

1972 年休赛期，凯尔特人阵容的唯一变动就是从菲尼克斯太阳得到了擅长篮板拼抢的保罗・塞拉斯。此时的“绿衫军”仿佛回到了“王朝时代”，每场比赛，他们都比对手制造出更多的快攻机会，抢下更多的篮板，送出更多的助攻。

1972/1973 赛季，凯尔特人以 10 连胜开局，取得 40 胜 7 负的战绩。考恩斯打出了 20.5 分、16.2 个篮板的大号“两双”。在获得全明星赛 MVP 后，又将常规赛 MVP 收入囊中。哈夫利切克场均拿到 23.8 分、7.1 个篮板和 6.6 次助攻，新援保罗・塞拉斯也可以拿到 13.3 分和 13 个篮板。常规赛结束时，“绿衫军”出人意料地拿下队史最佳的 68 胜 14 负，险些追平了前一个赛季湖人创造的 69 胜 13 负的常规赛最佳战绩，海因索恩也当选为最佳教练。

季后赛中的对手与前一个赛季一模一样，首轮对阵老鹰，同样的 4 比 2，凯尔特人再次笑到了最后。哈夫利切克在首场比赛中砍下 54 分，创造了凯尔特人队史季后赛单场得分纪录。东部决赛前两战，凯尔特人与尼克斯各胜一场，总比分 1 比 1。第三场，凯尔特人一度落后 15 分，当分差追到只剩 2 分时，意外发生了。哈夫利切克在防守比尔・布拉德利跑位时，遭到尼克斯内线球员戴夫・德布斯切尔的掩护犯规。剧烈的碰撞后，哈夫利切克的右肩、右胸、右后颈肌肉全部重伤。

第四场，哈夫利切克缺阵，尼

克斯通过双加时取胜，以总比分 3 比 1 领先。第五场，当哈夫利切克出现在球队名单上时，波士顿的球迷无不欢欣鼓舞。面对伤了一只胳膊的哈夫利切克，尼克斯球员无所适从。哈夫利切克则冷静地用左手接连投篮命中，全场得到 18 分。此外，考恩斯全场砍下 32 分。98 比 97，凯尔特人以 1 分险胜。

第六场在尼克斯主场麦迪逊广场花园进行，哈夫利切克缠着厚厚的绷带出战。尽管只得到 9 分，但考恩斯在内线对决中完爆里德，将总比分扳为 3 比 3。在波士顿进行的最终决战中，哈夫利切克忍着伤痛得到 4 分，考恩斯未能延续此前两场的火热状态，尼克斯终结了凯尔特人"抢七全胜"的神话，连续第二年与湖人会师总决赛，并夺得队史第二个也是迄今最后一个总冠军。

无论何时，每当回忆起这轮系列赛，哈夫利切克都耿耿于怀："如果我没有受伤，我们一定能击败尼克斯。而到了总决赛，就算我表现不佳，我们也能够打败湖人。"

04

第十二冠

Boston Celtics

1973/1974赛季对于NBA来说是一个略显伤感的赛季，一大批叱咤风云的球星纷纷退役或上演谢幕演出。张伯伦在前一个赛季结束后就戴着两枚总冠军戒指离去，而威利斯·里德、杰里·韦斯特、“大O”罗伯特森也在新赛季开始了他们的退役表演。

“绿衫军”成为这一波老将退役潮中的受益者，海因索恩的球队在经历了4个赛季的磨合后日趋成熟。首发阵容没有变化，依然是由哈夫利切克、塞拉斯和考恩斯组成前场，唐·钱尼和乔·乔·怀特搭档后场，而唐·尼尔森和保罗·韦斯特法尔在替补席上提供支援。34岁的队长哈夫利切克场均得到22.6分，表现依旧稳定高效；考恩斯则有19分、15.7个篮板和4.4次助攻的贡献。凯尔特人在本赛季常规赛取得56胜，比上赛季少胜12场，但仍然高居东部第一。

1974年季后赛首轮，凯尔特人遭遇联盟最大的黑马——布法罗勇敢者。勇敢者队头号球星鲍勃·麦卡杜在那个赛季以场均30.6分荣膺得分王，他的场均15.1个篮板的数据能排在联盟前三。在其率领下，球队打出了42胜40负的队史最佳战绩，在球队成立的第四个赛季就历史性地打进季后赛。前4场比赛，这场传统豪强与黑马新军的对决势均力敌，双方各赢2场。但凯尔特人毕竟实力高出对手一筹，在拿下第五场和第六场后，以4比2终结了系列赛。之后的东部决赛是一场复仇之战，全员健康的凯尔特人只用5场比赛就将尼克斯淘汰出局，自1968/1969赛季后重返总决赛。

1974年的总决赛堪称NBA最伟大的比赛之一。凯尔特人的对手是那个赛季常规赛MVP贾巴尔领衔的雄鹿，这是“绿衫军”与“天勾”在总决赛的初次相遇。凯尔特人一开始在雄鹿的两个主场就显示出强大实力，第一场轻松获胜，第二场在加时赛中惜败于对手。前4场，双方2比2平分秋色。之后，凯尔特人拿下了“天王山之战”。

第六场，凯尔特人在花园球馆几乎要终结这轮系列赛。哈夫利切克在第二个加时得到全队获得的11分里的9分，包括最后7秒在贾巴尔头顶上的跳投。那一刻，凯尔特人以101比100领先。就在主队准备庆祝夺冠时，贾巴尔用招牌动作——“天勾”完成绝杀。102比101，双方进入“抢七”。

也许是看到了问题的严重性，奥尔巴赫在“抢七大战”前迅速召集“制服组”商量对策。那轮系列赛，凯尔特人最大的问题就是不知如何应付贾巴尔，“天勾”在“油漆区”内予取予求，前六战场均砍下 33.7 分。

系列赛第七场在雄鹿主场进行，凯尔特人转变防守策略，不惜用双人甚至三人去包夹贾巴尔。这一变化让“天勾”非常不适应。整场比赛，考恩斯在出色完成防守任务的同时贡献了 28 分、14 个篮板。最终，凯尔特人以 102 比 87 击败雄鹿，以总比分 4 比 3 获得总冠军，捧起队史的第 12 座总冠军奖杯。

作为球队的灵魂，哈夫利切克当之无愧地加冕总决赛 MVP。这位经历过库西和拉塞尔时代的“绿衫军”老臣，10 年后依然是球队不可或缺的支柱。他在更衣室里与队友们一一拥抱，忘情地说：“这是最伟大的一个总冠军。”

SIXERS
6
SIXERS
30
CELTICS
10

CELTICS

第五章
王朝浮沉

波 士 顿 凯 尔 特 人 传

01

最伟大的比赛

Boston Celtics

夺下第12冠之后，20世纪70年代中期的"绿衫军"再次被冠以"王朝"之名。1974/1975赛季，凯尔特人展现了无可匹敌的强大实力。尽管赛季中期考恩斯遭遇脚伤困扰缺席了15场比赛，但凯尔特人还是取得了60胜22负，与子弹队并列联盟首位。

1975年季后赛首轮，凯尔特人以4比1轻取火箭。然而，在东部决赛对阵韦斯·昂塞尔德领衔的子弹队时，"绿衫军"卫冕的梦想却在六场比赛过后破灭了。说来有些诡异，凯尔特人在20世纪70年代两次夺冠，胜场数均未达到60场，反而是达到60胜的赛季往往与冠军无缘。那年的总决赛也让人大跌眼镜，一边是常规赛获60胜，刚战胜上届冠军、士气正盛的华盛顿子弹队（原巴尔的摩子弹队），一边是常规赛仅48胜、季后赛一路磕磕绊绊的奥克兰勇士。结果，勇士队却以4比0横扫子弹队，创造了NBA总决赛的一大冷门。

1975年夏天，唐·钱尼转去ABA的圣路易斯精神队，"绿衫军"在防守端失去了一员大将。为了填补钱尼走后留下的后场空缺，凯尔特人和太阳队做了一笔交易：送走保罗·韦斯特法尔和两个次轮签，换来了太阳的全明星控卫，场均24.3分、4个篮板、4.5次助攻的查理·斯科特。

1975/1976赛季，凯尔特人的首发"五虎"星光熠熠——乔·乔·怀特、斯科特、哈夫利切克、塞拉斯、考恩斯，前一个赛季他们同时入选了全明星阵容。常规赛，凯尔特人取得54胜28负的战绩，连续第五个赛季领跑大西洋赛区。季后赛阶段，"绿衫军"以两个4比2淘汰布法罗勇敢者和克利夫兰骑士，时隔一年重返总决赛舞台。

那个赛季的西部联盟有些出人意料。湖人送出四名球员，从雄鹿如愿交易来“天勾”贾巴尔，常规赛却只有 40 胜 42 负，未能挤进季后赛。被“绿衫军”抛弃的韦斯特法尔在太阳迎来大爆发，场均得分暴涨至 20.5 分，同时还送出 5.4 次助攻，职业生涯首次入选全明星和年度最佳阵容。西部决赛，太阳与上届冠军勇士大战七场，出人意料地将勇士斩落马下。

虽然哈夫利切克和唐·尼尔森都有伤在身，但外界仍然看好凯尔特人能够横扫太阳，毕竟与老辣的“绿衫军”相比，太阳不过是一支仅仅成立 8 年、头一回打总决赛的新军。

前两场比赛似乎也印证了这一点，考恩斯在揭幕战中闪耀全场，得到 25 分、21 个篮板和 10 次助攻的华丽“三双”。98 比 87、105 比 90，“绿衫军”轻取两连胜。

第三场比赛在亚利桑那退伍军人纪念体育馆举行，凯尔特人在开场 5 分钟里没有得分，凯文·斯塔肯与太阳的里基·索伯斯因斗殴双双被罚出场。凯尔特人在第三节逼近比分，但太阳新秀中锋阿尔文·亚当斯在第四节开始阶段连续命中两记投篮，“绿衫军”旧将韦斯特法尔也命中一球，太阳以 105 比 98 胜出。

系列赛第四场，裁判成了场上的主角，在首节的 10 分钟时间内就吹罚了 21 次犯规，比赛因此变得支离破碎。海因索恩在场边气得直跺脚，直言“这简直成了高中比赛”。最终，太阳以 109 比 107 再赢一场。

HAVLICEK
17

CELTICS
27
CELTICS
17
PHOENIX
6

"绿衫军"带着2比2的大比分回到波士顿。由此，NBA史上耗时最长的"天王山之战"、被凯尔特人官方评为"史上最伟大比赛"的第五战即将上演。"这是我见过的最激动人心的比赛。"当时担任解说嘉宾的里克·巴里回忆说。

比赛一开始，凯尔特人势如破竹，首节结束便领先18分，哈夫利切克在上半场几乎不可阻挡。太阳在第二节加强了防守，"绿衫军"只得到15分。半场归来，韦斯特法尔率领太阳将分差追到只剩5分。终场前1分钟，凯尔特人一度领先6分，又是韦斯特法尔挺身而出，连续进攻得手，双方不得不进入加时赛。

在第二个加时赛最后2秒，面对太阳的严密防守，哈夫利切克在身体失去平衡的情况下打进一记"神仙球"，凯尔特人反超1分。波士顿花园球馆的球迷开始冲入场内和球员们庆祝胜利，但比赛还没结束。

球权交给太阳，此时太阳已没有暂停可用，只得从后场发球。在这千钧一发之际，韦斯特法尔灵机一动，做出了一个令所有人匪夷所思的举动——请求暂停！裁判毫不客气地给了他一个技术犯规，哈夫利切克气定神闲地投中罚球，凯尔特人领先2分。

就在凯尔特人的球迷笑得前仰后合时，凯尔特人的球员却发现，太阳获得了从中线发球的权利。没错，这就是韦斯特法尔运用技术犯规的高明之处。

中场发球时，韦斯特法尔向距离最近的加·赫德使了个眼色，后者心领神会。只见赫德高高跃起在空中接到传球，落地后如弹簧般再度弹起，直接转身近180度出手，球不偏不倚地从篮网中落下——太阳追平，比赛进入第三个加时赛。

距第三个加时赛还有不到2分钟时，塞拉斯六犯离场。因此，包括考恩斯在内的4名凯尔特人球员先后犯满离场。海因索恩换上了此前一直不受重用的格伦·麦克唐纳，没想到这个无奈之举却成就了总决赛史上的经典时刻。麦克唐纳在出场的95秒钟里，在全场球迷和全国电视观众面前拿下6分，还有2个关键篮板。他的表现帮助球队以128比126战胜太阳，赢下这场NBA总决赛史上耗时最长的"天王山之战"。

最终，元气大伤的太阳在第六场中落败，凯尔特人以总比分4比2战胜太阳，赢得1976年的总冠军，也是队史的第13冠。乔·乔·怀特成为那年的总决赛MVP，在哈夫利切克的球员生涯暮年，29岁的怀特逐渐开始扮演起"绿衫军"领袖的角色。

02 哈夫利切克走了

Boston Celtics

天下大势，分久必合，合久必分。1976年夏天，NBA与ABA结束了长达十年的竞争关系，4支原ABA球队——纽约篮网、印第安纳步行者、圣安东尼奥马刺和丹佛掘金，在交纳了320万美元的会费后正式被批准加入NBA。篮网和马刺被划归东部，而步行者和掘金被分在西部。

连续五年问鼎大西洋赛区头名之后，波士顿凯尔特人在1976/1977赛季进入了短暂的衰退期。哈夫利切克已经来到职业生涯末期，此外，查理·斯科特因为手臂伤势休战了半个赛季。虽然凯尔特人迎来了新的锋线组合，但无论是从开拓者交易来的西德尼·威克斯，还是从活塞得到的柯蒂斯·罗维都无法适应球队新的战术体系。交易带来的负面影响也弥漫到了“绿衫军”的更衣室。

由于不满球队将好友保罗·塞拉斯交易走，正值职业生涯巅峰的考恩斯竟然做出了退役的决定。尽管在30场比赛之后他又重新回到赛场，但是这位6届全明星中锋失去了以往的锐气，场均数据下降到了16.4分和13.9个篮板。

经历了如此大的动荡，可想而知，凯尔特人的常规赛战绩不会太好。44胜38负，比前一个赛季多输了10场球，霸占了五年的大西洋赛区头把交椅也被76人抢走。

1977年季后赛首轮，凯尔特人横扫NBA新军马刺晋级。第二轮的对手是大西洋赛区的头名——“J博士”朱利叶斯·欧文领衔的76人。这对宿敌在20世纪70年代唯一一次相遇就激战了7个回合，并以76人的胜利而告终。

然而“J博士”和76人也没能笑到最后。1977年总决赛，比尔·沃顿率领的波特兰开拓者输掉前两场比赛，随后上演了逆转神迹，连赢四场，击败76人，夺得队史唯一一座总冠军奖杯，沃顿当之无愧地加冕总决赛MVP。

接下来的1977/1978赛季，凯尔特人迅速衰落。在经历了11胜23负的糟糕开局之后，汤姆·海因索恩辞去了主教练的职务。对于弟子的决定，奥尔巴赫感同身受：“我们不得不做出改变，汤姆只是不想再做困兽之斗。他已经筋疲力尽了，我非常理解他的这个决定。”

汤姆·桑德斯成为海因索恩的继任者。作为“凯尔特人王朝”时期仅次于拉塞尔的二号防守悍将，桑德斯或许是所有“绿衫军”传奇中最低调、最不起眼的一个，他把整个职业生涯都奉献给了波士顿，任劳任怨地做着脏活累活。1972/1973 赛季打完，34 岁的桑德斯宣布退役，与他一起退役的，还有那件他穿了 13 个赛季的 16 号球衣。

找好了继任者后，“红衣主教”又做了一笔交易：用查理·斯科特从湖人换回旧将钱尼和科米特·华盛顿。两位新援并没有给球队带来多大的帮助，31 岁的钱尼状态已大不如前，而华盛顿则因为赛季初期对鲁迪·汤姆贾诺维奇的暴力拳击事件成为众矢之的，走到哪里都会被人鄙视。屋漏偏逢连夜雨，乔·乔·怀特又因为脚伤缺席了 36 场比赛。

当常规赛进行到 1978 年 2 月时，队长哈夫利切克认为自己必须做点什么来刺激队友，于是公布了准备已久的在赛季结束后退役的消息。这位 38 岁的“绿衫军”传奇开启了超级球星“告别巡回”的先河，每到一个客场都能收获满满的敬意。

在哈夫利切克宣布退役后，“绿衫军”重新振作精神，在接下来的 30 场比赛里赢下 17 场。然而，他们却在关键的季后赛卡位战中输给掘金，凯尔特人的季后赛希望破灭了。

1978 年 4 月 9 日，哈夫利切克职业生涯的最后一战，波士顿花园球馆的气氛在开场阶段就达到高潮，观众们为他起立鼓掌足足持续了 8 分钟，裁判不得不推迟开球时间。奥尔巴赫在半场休息时给弟子送上了最高赞誉：“就这项运动而言，他已经做到了面面俱佳。我要是能有他这么个儿子，绝对是全世界最幸福的人。”

最终，哈夫利切克在这场专门为他准备的告别战中砍下赛季第二高的 29 分，带领凯尔特人以 131 比 114 大胜勇敢者。带着 8 枚总冠军戒指和一堆伟大的纪录，哈夫利切克 16 年的球员生涯画上了句号，他的离开也标志着凯尔特人一个时代的结束。

CELTICS
33

第六章
伯德中兴

01

“大鸟”来了

Boston Celtics

1978/1979 赛季开始前，凯尔特人被卷入一场复杂的交易中。当时球队的拥有者伊尔夫·列文在波士顿并不受欢迎，于是他与布法罗勇敢者的拥有者约翰·布朗达成了互换球队的协议。作为新老板，列文之后把勇敢者迁到圣迭戈，更名为快船队。

这个交易涉及 7 名队员的互换，波士顿送出了 1978 年的首轮秀弗里曼·威廉姆斯、替补中锋凯文·昆内特、大前锋科米特·华盛顿和西德尼·威克斯，换来了内特·阿奇博尔德、比利·奈特、马尔文·巴恩斯和两个未来的首轮选秀权。最重要的是，球队保留了之后用来选拉里·伯德的 6 号签。

从选秀前的实力和名气来看，大学时期场均得到 30 分、10 个篮板的拉里·伯德无疑是状元的热门人选。1978 年选秀前，伯德明确表示要在印第安纳州立大学读完最后一年再参加 NBA 选秀，这让很多对他感兴趣的球队都有所顾虑。

当时的 NBA 允许球队预签一位已在 NCAA 奋战一个赛季的球员，称为“二年级生条款”。奥尔巴赫坚信自己的眼光，于是提前一年用手中的 6 号签选择了伯德。

1978/1979 赛季，凯尔特人彻底沦为“鱼腩之师”。开局的 14 场比赛里，凯尔特人只获得两场胜利，这也直接导致主教练桑德斯下课。之后，考恩斯兼任教练，但并没有为球队带来太大的转机。球队最后跌

到大西洋赛区的倒数第一位，战绩是可怜的 29 胜 53 负，那是“绿衫军”建队以来最灰暗的时期。

彼时，凯尔特人处于球员阵容和所有权的双重动荡之中。在创始人沃尔特·布朗过世后的 14 年间，球队走马灯似的换了 10 次老板。新老板约翰·布朗更是根本没问主教练的意见就用三个首轮签去换鲍勃·麦卡杜，这种做法直接触及奥尔巴赫的底线。1979 年春天，“红衣主教”给球队共同持有人哈里·曼古里恩下了最后通牒，要么买下布朗手中的球队股份，要么放自己去纽约尼克斯工作。最终，曼古里恩买下了布朗手中的股份。

当然，在这个前所未有的低潮中也孕育着前所未遇的希望。凯尔特人的成员们开始不定期地光顾印第安纳州立大学的主场休曼中心球馆，他们的目的只有一个，那就是考察拉里·伯德。“大鸟”没有让人失望，大学最后一年，他带领印第安纳州立大学打出 33 连胜，晋级 NCAA 总决赛。

1979 年 3 月 26 日，NCAA 总决赛上演了美国体育直播史上的奇迹。当时通过电视转播收看这场决赛的观众人数高达 3511 万人，至今这个数字仍是难以超越的纪录。

之所以万众瞩目，是因为总决赛对阵双方是密歇根州立大学和印第安纳州立大学，而这两支球队的主角分别是“魔术师”约翰逊和“大鸟”伯德。两位均是未来十年 NBA 的台柱，而“黑白双雄”的巅峰对决也让 NBA 名满天下。

20 世纪 70 年代末，NBA 正处在最低谷，缺乏真正有号召力的巨星。但在这一年的大学篮球比赛中，这两位天赋出众的年轻人却引发了美国篮球界的震动。

最终，密歇根州立大学以 75 比 64 战胜印第安纳州立大学，夺得冠军。“魔术师”15 投 8 中，得到 24 分、7 个篮板、5 次助攻；“大鸟”21 投 7 中，得到 19 分、13 个篮板、5 次抢断。虽然印第安纳州立大学未能夺冠，但伯德荣膺该赛季 NCAA 的最佳球员奖。

1979 年的 NCAA 决赛也就此拉开了约翰逊和伯德的竞争序幕。“魔术师”约翰逊在 1979 年选秀大会上，以“状元秀”的身份被湖人选中。而伯德更是早在 1978 年就已被凯尔特人以首轮第六顺位摘下，于 1979 年正式进入 NBA。

在经历两个赛季的低潮后，伴随着伯德的到来，凯尔特人在 1979/1980 赛季开始了一个新时代。比尔·菲奇成为球队的主教练。球队的前场阵容由塞德里克·马克斯韦尔、伯德和考恩斯组成，而后卫线上的内特·阿奇博尔德也表现不俗，场均可以送出联盟第二高的 8.4 次助攻。

1979/1980 赛季，凯尔特人以 61 胜 21 负的常规赛战绩重新夺回了大西洋赛区的冠军，比前一个赛季多出了 32 场胜利，这个纪录直到

1989/1990 赛季才被马刺队打破。

在 1980 年季后赛首轮轮空后，凯尔特人在东部半决赛以 4 比 0 横扫火箭，但在东部决赛被欧文领衔的 76 人以 4 比 1 淘汰出局。

1979/1980 赛季，还是新秀的“魔术师”约翰逊就率领湖人拿下总冠军。伯德的表现也丝毫不弱，他在新秀赛季的 82 场比赛中全部首发，场均贡献 21.3 分、10.4 个篮板、4.5 次助攻，入选了最佳一阵和全明星阵容。常规赛结束后，他更是力压“魔术师”，荣膺最佳新秀。

很显然，“黑白双雄”的对决才刚刚开始。

Gatorade

CELTICS
33
BOSTON CELTICS.

02 “铁三角”诞生

Boston Celtics

1980 年，在东部决赛中完败于 76 人后，凯尔特人认识到自己孱弱得内线被对手蹂躏得体无完肤，他们迫切需要一个强力内线。老谋深算的奥尔巴赫又一次将目光对准了选秀和交易，并在接下来导演了一笔震惊联盟的交易。

1980 年选秀大会，凯尔特人拥有从活塞交易来的“状元签”。奥尔巴赫看上了来自明尼苏达大学的前锋凯文·麦克海尔，但“红衣主教”觉得用“状元签”得到他有点可惜。而手握“探花签”的金州勇士希望得到当时的状元热门人物——乔·巴里·卡罗尔。于是双方一拍即合，奥尔巴赫送出“状元签”和 13 号选秀权，换来了“探花签”以及绰号“酋长”的中锋罗伯特·帕里什。

之后，奥尔巴赫在选秀大会上以第三顺位拿下麦克海尔，加上帕里什与伯德，凯尔特人历史最著名的“铁三角”组合正式诞生了。

戴夫·考恩斯在 1980/1981 赛季开始前宣布退役，这位默默镇守“绿衫军”内线十年的明星中锋就此作别，他的离开更像是“绿衫军”与旧时代的一次彻底割裂。由此，一支全新的凯尔特人呈现在世人面前：伯德、马克斯韦尔、帕里什、克里斯·福特和阿奇博尔德组成“先发五虎”，麦克海尔、杰拉德·亨德森、里克·罗比提供板凳火力。

伯德在第二个赛季继续着高效的表现，场均得到 21.2 分、10.9 个篮板、5.5 次助攻，并拿到全明星赛 MVP；帕里什场均可以交出 18.9 分、9.5 个篮板的完美答卷，职业生涯首次入选全明星赛；替补席上的麦克海尔也有场均 10 分入账，并入选新秀第一阵容。

1980/1981 赛季常规赛阶段，凯尔特人取得 62 场胜利，力压 76 人登上大西洋赛区榜首的位置。而冤家路窄的两支球队又在东部决赛狭路相逢。在首场以 1 分惜败之后，凯尔特人在第二场打出了高出对手 19 分的佳绩。接下来的第三场和第四场，76 人均击败凯尔特人，大比分变成 3 比 1，“绿衫军”被逼到了悬崖边上。但凯尔特人将“坚韧传统”再一次表现得淋漓尽致，第五战和第六战他们都以 2 分的微弱优势险胜。

生死战回到了波士顿花园球馆，凯尔特人此前从未在这里输过第七场比赛，伯德也让此传统得以了延续。依靠他在终场前的绝杀，凯尔特人以 91 比 90 险胜 76 人，从而以总比分4比3逆转取胜。自1976年后，时隔5年，“绿衫军”再次挺进总决赛。

1981年总决赛，24岁的伯德第一次站上NBA的巅峰舞台，迎接他的是摩西·马龙率领的休斯敦火箭。那个赛季，达拉斯小牛加入NBA，被划入西部，出于平衡的考虑，联盟将马刺队和火箭队也划分到西部，而雄鹿队和公牛队则被分到东部。

休斯敦火箭先是以4比0横扫上届冠军湖人，随后又在西部决赛中苦战7场，以4比3艰难地拿下“冰人”乔治·格文率领的圣安东尼奥马刺。

总决赛第一场，火箭队在比赛还剩5分36秒时仍然以91比88领先凯尔特人。凯尔特人随后开始了绝地反击，帕里什投中2球，伯德和M.L.卡尔也先后得分。在比赛还剩3分钟时，“绿衫军”以96比91反超。但在汤姆·亨德森投中2球后，火箭又只落后1分。终场前19秒，伯德在三分线内一步的位置出手不中，但他迅速跑到篮下抢到进攻篮板，并在即将飞出底线的一刹那，空中换手后低手挑篮——球进！98比95，凯尔特人取得开门红。

全场观众的情绪就此被点燃，在现场担任解说的比尔·拉塞尔更是激动地在评论席上站起来挥拳怒吼。“指环王”的激动之情溢于言表：“拉里完

全有能力完成这种投篮！他知道球要掉到哪里，他就是波士顿要找的那个人！上帝啊，真幸运我们拥有了他。”将伯德带入 NBA 的奥尔巴赫也不惜溢美之词：“这是我见到的最伟大的一投。”

这一年，凯尔特人与火箭的总决赛进行得一波三折。休斯敦人在第二场后来居上，取得了他们那年季后赛的第八场客场胜利，将总比分扳成 1 比 1 平。第三战，凯尔特人强大的防守让对手全场只得到 71 分，创造了设立 24 秒规则后总决赛单场得分新低。火箭在第四场捍卫了主场尊严，总比分战成 2 比 2 平。

第五场回到波士顿花园球馆进行，凯尔特人开场就以 19 比 1 的进攻高潮让火箭毫无招架之力，最终以 109 比 80 大胜对手 29 分。此役，当伯德再次深陷对方纠缠之中时，马克斯韦尔挺身而出，拿下全队最高的 28 分和 15 个篮板。

第六场，拉里・伯德在进攻端找回了手感，全场 20 投 11 中，贡献 26 分，带领凯尔特人顺利拿下比赛。凯尔特人以 4 比 2 的总比分战胜火箭，捧得了队史第 14 座总冠军奖杯。

当波士顿其他球员在更衣室忘情庆祝时，伯德悄悄地偷走了奥尔巴赫的雪茄，并学着他的样子对他说：“现在，我们是冠军了。”

不过，那年的总决赛 MVP 并不是拉里・伯德，而是颁给了在六场比赛中场均贡献 17.7 分、9.9 个篮板的马克斯韦尔。绰号“玉米面包”的马克斯韦尔是一个极具威胁的得分手，当球队需要他的时候，他从来不会让人失望。

03

“Beat LA”

1981 年选秀大会，凯尔特人又迎来一位队史重要人物——来自杨百翰大学的篮球、棒球双栖明星丹尼·安吉。“红衣主教”认定安吉是篮球奇才，是“绿衫王朝”的最佳拼图，反复游说他“弃棒从篮”，并在选秀第二轮第 31 顺位选中了他。加之那一段时间安吉的棒球状态陷入低潮，经过一番思索后，他毅然同意加入凯尔特人，身披 44 号球衣。

在接下来的两个赛季，“绿衫军”经历了一番波折。1981/1982 赛季，伯德率队打出了 63 胜 19 负的联盟最佳战绩，他还荣膺了全明星 MVP，在常规赛 MVP 评选上排名第二位。波士顿人在季后赛首轮的对手是华盛顿子弹，他们毫不费力地以 4 比 1 战胜对手。

1982 年东部决赛，他们再次碰到老对手——“J 博士”领衔的费城 76 人。凯尔特人在大比分 1 比 3 落后的情况下连扳两局，将比赛拖入“抢七大战”。

这一次，“J 博士”没有让机会溜走，在波士顿花园球馆进行的“抢七大战”早早地失去悬念。终场前 26 秒，凯尔特人在主场以 105 比 117 落后 76 人。当得知“死敌”湖人已经杀入总决赛，花园球馆的球迷突然开始齐声高呼“Beat LA”（打败湖人），把阻击“死敌”湖人的希望寄托在了对手 76 人身上。

1982 年总决赛，76 人还是被拥有“天勾”贾巴尔和“魔术师”约翰逊的湖人击败。不过，“Beat LA ”却变成一句经典口号，从而迅速席卷联盟，并流传至今。

1982/1983 赛季，凯尔特人滑落到大西洋赛区第二位，在东区半决赛被雄鹿淘汰。有趣的是，这支雄鹿队与“绿衫军”有着千丝万缕的联系，他们的主教练正是凯尔特人昔日功勋战将唐·尼尔森，而退役两年的前凯尔特人中锋戴夫·考恩斯也在前队友的召唤下复出，为雄鹿队披挂上阵，两人联手将老东家凯尔特人淘汰出局。

接连无缘总决赛让队内出现了不和谐的声音，最终导致主教练比尔·菲奇下课。之后，“红衣主教”任命 K.C. 琼斯为球队的新教练，而后者也对球队的后场阵容进行了调整。他把从太阳队换来的丹尼斯·约翰逊推到了首发的位置，与杰拉德·亨德森组成先发后场，而麦克海尔则继续在板凳席上为球队输送火力。

CELTICS
31
33

CELTICS
00
CELTICS
43
MOLSON

LAKERS
32
BIRD
33
LAKERS
42

第七章

湖凯争霸

波 士 顿 凯 尔 特 人 传

01 第八次胜利

Boston Celtics

1983/1984赛季具有里程碑式的意义。1984年，大卫·斯特恩成为NBA第四任总裁。他在上任后积极推动NBA的国际化，大力发展电视直播及宣传。从这个赛季起，季后赛球队由12支扩充到16支，赛区头名首轮轮空的赛制也从此取消。

在这个充满变革的赛季里，凯尔特人一改前两个赛季的低迷，在常规赛中豪取62胜，比上届冠军76人足足多胜出10场。“大鸟”伯德场均得到24.2分、10.1个篮板、6.6次助攻，拿到职业生涯第一座常规赛MVP奖杯。麦克海尔替补出场，场均得到18.4分和7.4个篮板，投篮命中率达到55.6%，荣膺最佳第六人。

“绿衫军”在1984年季后赛打响后势如破竹，先是以3比1轻松击败华盛顿子弹，随后历经7场大战淘汰了伯纳德·金领衔的76人，又在东部决赛以4比1成功复仇雄鹿。进入总决赛，凯尔特人又迎来了与湖人的宿命对决。两支球队上一次在总决赛碰面还要追溯到1969年，15年的沧海桑田，对抗的主角已经从拉塞尔与张伯伦变成了“大鸟”伯德与“魔术师”约翰逊。

1984年总决赛揭幕战，凭借“天勾”贾巴尔的32分、8个篮板、5次助攻，湖人以115比109在客场取胜。系列赛第二战，终场前18秒，凯尔特人以113比115落后2分，麦克海尔的两罚全失让湖人看到了胜利的曙光。不过暂停过后，湖人发球，詹姆斯·沃西将球刚传出手，便见亨德森突然如鬼魅般闪过，跃起后在空中将球截下，随后又赶在沃西封堵之前将球送进篮筐。“绿衫军”经过加时赛以124比121战胜湖人，将总比分扳为1比1平。

系列赛第三场完全是一边倒，湖人全场抢下63个篮板，其中22个是前场篮板，第三节更是轰下47分。“魔术师”得到14分、11个篮板、21次助攻的华丽“三双”，21次助攻至今仍是NBA总决赛的单场助攻纪录。此外，麦卡杜面对旧主也砍下了21分。“绿衫军”失去了往日的强硬，伯德赛后异常愤怒：“我们打得就像娘们儿一样！”

第四场开局，湖人延续了上一场的进攻火力，半场就得到68分，并取得两位数的领先优势。系列赛的转折点发生在第三节，湖人的科特·兰比斯快攻上篮，麦克海尔直

BUSCH
CELTICS
00

eo Recorder
Panasonic
Stereo
Radio
Panasonic
Tape
BA WORLD

接锁喉将他放倒在地，这就是著名的“晾衣绳犯规”。愤怒的兰比斯直接爬起来冲向麦克海尔，双方球员乱作一团，险些引发一场群殴。正是这次犯规点燃了“绿衫军”的斗志，他们奋起直追，将比赛拖进加时赛。加时赛里，伯德在“魔术师”面前投进致命一击，129 比 125，凯尔特人逆转取胜，双方战成 2 比 2 平。

第五场“天王山之战”，波士顿花园球馆的通风设施突然出现故障，导致室内温度一度逼近 38 摄氏度的高温，贾巴尔和沃西在暂停时甚至都要到场边吸氧。

也许是主场作战的原因，“大鸟”伯德丝毫没有受到影响，尽情展现万花筒般的得分技巧，最终砍下全场最高的 34 分、17 个篮板，率凯尔特人以 121 比 103 大胜湖人，赢下“天王山之战”。

第六场，“魔术师”和贾巴尔携手率湖人死里逃生。万众瞩目的“抢七大战”在波士顿花园球馆震耳欲聋的“Beat LA”声中拉开了战幕。马克斯韦尔在上半场将湖人的内线冲得七零八落，他 13 次罚球，11 次命中。第三节，湖人一度将分差反超至 72 比 71。随后，伯德以两记跳投，帕里什用一次打三分再次拉开比分。

在“绿衫军”的“窒息防守”下，“魔术师”在第四节连连失误。最终，凯尔特人以 111 比 102 战胜湖人，以总比分 4 比 3 击败对手，夺得 1984 年 NBA 总冠军，这也是“绿衫军”的第 15 个总冠军。伯德场均得到 27.4 分、14 个篮板，首次当选总决赛 MVP。

“红衣主教”赛后说出了那句很经典的话：“这个世界上有太多不确定的东西，但只有一件事可以确定，就是湖人永远不可能在总决赛中战胜凯尔特人。”自 1959 年起，湖人在总决赛中 8 次遭遇凯尔特人，无一胜绩。

02

湖人的复仇

Boston Celtics

1984 年的选秀大会是联盟历史上最星光熠熠的一届，这一年诞生了 NBA 历史第一人“飞人”乔丹、历史最佳中锋之一“大梦”奥拉朱旺、历史最佳控卫之一约翰·斯托克顿、历史最佳大前锋之一查尔斯·巴克利。不过，在这些伟大的名字被球迷们熟识之前，NBA 的主题依旧是“大鸟”伯德与“魔术师”约翰逊的“黑白大战”。

1984/1985 赛季开始前，凯尔特人将上个赛季夺冠的功臣杰拉德·亨德森交易到了西雅图，换来一个 1986 年的首轮选秀权。已经打了三个赛季的丹尼·安吉被提上首发，与丹尼斯·约翰逊搭档后场。常规赛，伯德场均拿下 28.7 分、10.5 个篮板和 6.6 次助攻，以无可争议的表现蝉联 MVP。麦克海尔继续在板凳席上担任着关键角色，成为 NBA 历史上第一个蝉联最佳第六人的球员。

这个赛季还上演了两场精彩的个人得分表演。先是 1985 年 3 月 3 日，麦克海尔在对阵活塞的比赛中手感发烫，伯德频频给他传球，麦克海尔全场砍下了 56 分，一举刷新了“绿衫军”的队史纪录。赛后，整场比赛都在为麦克海尔做嫁衣的伯德在接受采访

时仍然不满足："凯文进攻欲望不够强烈，他完全应该得到60分。"

麦克海尔不以为然："好吧，我求胜欲望不足，但我依然破了队史得分纪录，可有的人求胜欲望那么强，他得了多少分？"看热闹不嫌事大的记者把这话转述给伯德，"大鸟"只是微微一笑。10天后，在凯尔特人战胜老鹰队的比赛中，伯德出场43分钟，36投22中，罚球16罚15中，用一场60分的得分盛宴完成了超越。

伯德在赛后的一番演讲更加精彩："作为一支王朝球队，凯尔特人之前的队史得分纪录连60分都不到，这并非是前辈们无能，而是他们不屑去飙分。同样，我之前从未得到过60分，但那并不能代表我不能。"

时至今日，60分依然是凯尔特人队史单场得分纪录。

1984/1985赛季常规赛结束时，凯尔特人打出了63胜19负的联盟最佳战绩。季后赛前两轮，他们轻松淘汰骑士、活塞。凯尔特人与76人在六年里第四次在东部决赛相遇。彼时的"J博士"已经35岁，刚刚进入联盟的查尔斯·巴克利羽翼尚未丰满，被伯德率队以4比1轻松碾压。

在1985年总决赛的舞台上，湖人和凯尔特人这对老冤家又相遇了。此次总决赛开打之前，全联盟关注的焦点只有一个：湖人能否复仇？

1985年5月27日，总决赛第一战在波士顿花园球馆打响，凯尔特人给复仇心切的湖人一记当头棒喝，比分是148比114，创造了两队交锋史上的最大分差——34分。那一天恰逢美国阵亡将士纪念日，因此这场溃败也被称为"纪念日大屠杀"。

正当所有人都以为凯尔特人将第九次压倒湖人时，系列赛的走向却在悄然间发生了转变。一个不容忽视的细节是，从1985年起，NBA总决赛的赛制改为"2-3-2"。提出这一设想的正是"红衣主教"，奥尔巴赫向联盟反映总决赛的赛程太分散，球员们舟车劳顿，着实辛苦，于是斯特恩牵头促成了"2-3-2"赛制的形成。

系列赛第二战，凯尔特人对于贾巴尔的爆发没有丝毫准备。"天勾"砍下30分、17个篮板、8次助攻和3次封盖的统治级数据，湖人以109比102取胜。按照新的赛制，凯尔特人接下来要连打3个客场。有一个数据足以说明"绿衫军"的客场之旅有多艰难：1985年2月以来，湖人在主场的战绩为25胜1负。

第三战来到洛杉矶，在大西部论坛球馆，"绿衫军"见识了湖人"魔鬼主场"的威力。在山呼海啸的助威声中，强悍的凯尔特人似乎迷失了自我，遭遇一场分差达到25分的

惨败。贾巴尔 13 投 10 中，得到 26 分、14 个篮板，成为湖人的“取胜之匙”。

此前一直饱受背伤折磨的伯德在第四场找回了感觉，他在末节独得 11 分，并在最后时刻抢断成功，助攻丹尼斯·约翰逊压哨绝杀，总比分变成 2 比 2。

第五场比赛依然是在洛杉矶进行，凯尔特人先声夺人，麦克海尔在开局就得到 16 分。湖人主帅帕特·莱利随即调整了防守策略，用贾巴尔主防手感火热的麦克海尔。此举十分奏效，湖人半场结束前反超比分。“绿衫军”在第四节打出一波 29 比 12 的进攻高潮，在比赛还剩 6 分钟时将比分追至 97 比 101。生死关头，贾巴尔用招牌“天勾”结束了比赛。

关键的第六场回到波士顿，凯尔特人已经无路可退。尽管麦克海尔得到全场最高的 32 分，但伯德 29 投仅 12 中。而贾巴尔得到 29 分，率领湖人最终以 111 比 100 获得总冠军。波士顿花园球馆陷入了沉默，他们第一次品尝到在总决赛中输给湖人的滋味。

在前八次总决赛连续败给凯尔特人之后，湖人终于在第九次比赛中击败对手，在“湖凯争锋”的天平上放下一枚自己的砝码，也让接下来的两大豪门对决更具悬念。

03

第十六次登顶

Boston Celtics

输掉总决赛后，凯尔特人在1985年的休赛期补强了阵容，找来了前开拓者的明星中锋比尔·沃顿。这位1977年的总决赛MVP彼时饱受伤病困扰，其十年职业生涯每赛季出场不足47场。

主教练K.C.琼斯将沃顿放在板凳席上，担任第六人的角色。如此一来，凯尔特人拥有了帕里什、麦克海尔和沃顿三大内线，瞄着潜在对手湖人升级了阵容。

1985/1986赛季，伯德场均砍下25.8分、9.8个篮板和2.02次抢断，罚球和三分球命中率分别是联盟最高的89.6%和第四高的42.3%，还送出球队最高的场均6.8次助攻，成为继拉塞尔和张伯伦后第三个完成常规赛MVP三连庄的球员。

马克斯韦尔被交易到快船后，麦克海尔成为凯尔特人的首发大前锋，场均能够得到21.3分、8.1个篮板。比尔·沃顿出人意料地打出职业生涯最高的出场率，单赛季出战80场，场均得到7.6分和6.8个篮板，当选最佳第六人。

携67胜的联盟最佳战绩，凯尔特人踏上1986年的季后赛征程。他们在前三轮系列赛几乎横扫对手，只有老鹰队拿到了一场胜利。值得一提的是，在“绿衫军”轻松晋级的过程中，人们隐约看到“未来之王”的影子——在进入联盟的第三个赛季，迈克尔·乔丹开始展露出“篮球之神”的风采。

1986年4月21日，季后赛首轮第二战，在波士顿花园球馆，公牛在客场同凯尔特人进行了双加时鏖战，最终以131比135落败。乔丹41投22中，罚球21罚19中，砍下了63分。自此，尘封24年之久的NBA季后赛单场得分纪录被改写（原纪录是埃尔金·贝勒在1962年创下的单场61分）。目睹这一切后，一向心高气傲的伯德留下那句掷地有声的名言：“今夜，上帝穿上了乔丹的球衣。”

然而，乔丹也未能改变公牛被凯尔特人横扫的命运。之后凯尔特人又淘汰了老鹰、雄鹿，连续三年杀入总决赛，不过这一次，他们没能再碰到老对手湖人。

在那一年的西部比赛中，火箭依靠拉尔夫·桑普森和“大梦”奥拉朱旺的“双塔组合”打出51胜31负的战绩，拿下中西区冠军。季后赛首轮，火箭以3比0击败国王，第二

轮又以 4 比 2 击败掘金。西部决赛，在先输一场的情况下，他们连赢四场，将上届冠军湖人淘汰出局，一举杀进总决赛。

总决赛前两场在波士顿花园球馆进行，凯尔特人展现出了传统豪强的实力。相比之下，休斯敦火箭却没能延续黑马传奇。麦克海尔与帕里什出色地撑起了“绿衫军”的内线，这让桑普森非常不适应。揭幕战，桑普森开场打了 5 分钟就身背三次犯规，不得不被替换下场。凯尔特人整场比赛的投篮命中率高达 66%，伯德全场砍下 21 分、8 个篮板、13 次助攻、4 次抢断。最终，“绿衫军”以 112 比 100 轻取火箭，赢得总决赛开门红。

总决赛第二场，奥拉朱旺以一敌众，砍下 31 分、8 个篮板、7 次助攻。但凯尔特人整体发挥更好，在第三节打出 34 比 19 的得分高潮，一举奠定胜局。

双方移师休斯敦再战，桑普森一改前两场的低迷表现，砍下 24 分、22 个篮板的超级“两双”。火箭在第四节打出一波 9 比 0 的攻势，在距离比赛还有 67 秒结束时将比分改写为 103 比 102。随后，

丹尼·安吉跳投命中，火箭替补后卫米切尔·威金斯（安德鲁·威金斯的父亲）补篮，火箭再次领先。关键的最后一攻，帕里什脚踩边线出现失误，凯尔特人以两分之差惜败于火箭。伯德“空砍”25分、15个篮板、11次助攻的“三双”数据。

总决赛第四场，凯尔特人与火箭激战到末节。麦克海尔的强悍防守让火箭在最后4分钟里只命中一球。凭借伯德投进的一记关键三分，凯尔特人以106比103击败火箭，总决赛打到3比1。帕里什在那场比赛将功补过，砍下22分、15个篮板。

总决赛第五场充满了火药味，两支球队在第二节开始不久爆发激烈的冲突，场面一度失控，最终始作俑者桑普森被罚出场。冲突事件反倒让火箭士气大振，桑普森的离场成就了奥拉朱旺的表演，“大梦”拼得32分、14个篮板，外加8个盖帽。尽管麦克海尔砍下了全场最高的33分，但凯尔特人其他队员完全不在状态，伯德仅仅得到17分。“绿衫军”以96比111不敌火箭，吃到一场惨败。

凯尔特人带着3比2的大比分回到波士顿。那个赛季，他们在花园球馆的战绩为49胜1负，在“魔鬼主场”作战，令“绿衫军”提振了士气。

1986年6月8日，总决赛第六场，“绿衫军”众志成城，没有给火箭任何机会。伯德在上半场就砍下了16分、8个篮板、8次助攻，全场得到29分、11个篮板、12次助攻，率领凯尔特人以114比97取得完胜，以总比分4比2击败火箭，夺得总冠军。

自此，“绿衫军”收获了队史第16座总冠军奖杯，傲视群雄。纵观其他球队，当时还没有一支球队的夺冠数达到两位数。

伯德在1986年总决赛中表现得神勇而又全面，场均得到24分、9.7个篮板、9.5次助攻，职业生涯第二次捧起总决赛MVP奖杯。

The Summit
1986NBA Finals
CBS SPORTS
1986NBA Finals

LAKERS
32
33
BIKE
BIKE

第八章

双雄辉映

01

致命的“天勾”

Boston Celtics

1986年选秀大会，凯尔特人手里握着两年前从超音速交易来的首轮2号签，奥尔巴赫将目光锁定在来自马里兰大学的年轻人——伦·拜亚斯身上。

这个身高2.03米的新秀到底有多强，或许可以从两年前的一场比赛中找到答案。1984年NCAA八强赛，在与乔丹的直接“对话”中，拜亚斯砍下了47分，终结了北卡的不败纪录。他在三分线外的单场命中率更是追平了伯德保持的大学生纪录——9投7中。而在他的防守下，乔丹全场26投8中，仅得19分。

当“红衣主教”在首轮第二顺位将他拿下时，兴奋之情溢于言表：“是的，我们想要的就是他！”ESPN的评论员甚至断言，凯尔特人的第二个八连冠时代即将到来。

然而，还没等凯尔特人的喜悦气氛消散，两天之后的清晨，拜亚斯的NBA生涯还未开始，生命就画上了句号，他因吸食过量的可卡因而导致心脏骤停。

这个突如其来的噩耗对“红衣主教”奥尔巴赫的打击非常大，而“大鸟”伯德也感伤地说：“如果拜亚斯没有死，我可能会早点安心退役。”

拜亚斯的骤然离世仿佛推倒了第一块多米诺骨牌，凯尔特人即将迈入队史最漫长的黑暗期。1986/1987赛季，凯尔特人的常规赛战绩为59胜23负，这是自从伯德加盟球队以来，他们第二次没有在常规赛里获得60胜。伤病成为“绿衫军”最大的敌人，最佳第六人比尔·沃顿在职业生涯的最后一季只打了10场比赛。伯德、安吉和帕里什身上都有些老伤，麦克海尔在常规赛后期遭遇右脚骨折。

凯尔特人的东部季后赛之旅相当凶险，除首轮3比0横扫稚嫩的乔丹和他的公牛以外，东部半决赛和决赛他们都打满七场才艰难晋级。

1987年5月26日，东部决赛的“天王山之战”诞生了凯尔特人队史又一大经典时刻。

比赛最后一秒，凯尔特人以 106 比 107 落后于活塞，伯德在三分线外左侧 45 度拿球突破上篮被扇飞，队友在救球时把球碰出了底线。

此时球权在活塞手中，离终场只剩 0.5 秒，凯尔特人还落后 1 分。“微笑刺客”伊赛亚·托马斯边线发球，伯德出其不意地出现在传球线路上将球断掉，顺势将球传给空切进来的丹尼斯·约翰逊，后者顺势上篮，打板，球进，绝杀！

最终比分定格在 108 比 107，波士顿赢得比赛。

毫无疑问，这是 NBA 历史上最神奇的三次抢断之一，另两次分别为 1965 年东部决赛中哈夫利切克的致命抢断，以及 1984 年总决赛第二战亨德森的抢断。

“绿衫军”包揽了伟大抢断榜，这正是他们锲而不舍、坚韧敏锐的特性使然。

经历了连续两轮“七场大战”，站上总决赛舞台的凯尔特人已经筋疲力尽，而他们面对的却是正值巅峰的湖人。那一年的季后赛，湖人一路轻松晋级，首轮以 3 比 0 剃灭

掘金，次轮以 4 比 1 击溃勇士，西部决赛以 4 比 0 横扫超音速。

1987 年总决赛的前两战在洛杉矶进行，赛季常规赛 MVP 得主“魔术师”约翰逊展现出超强实力。他首场得到 29 分、8 个篮板、13 次助攻的“准三双”数据，第二场又贡献了“双 20+”（22 分、20 次助攻），率领湖人连赢两场。在这两场比赛中，凯尔特人第一场输了 13 分、第二场输了 19 分，遭遇季后赛客场六连败。

第三场“绿衫军”回到波士顿并找回状态：伯德得到了 30 分，丹尼斯·约翰逊得到了 26 分，麦克海尔拖着一只伤脚贡献 21 分、10 个篮板，并且成功冻结詹姆斯·沃西。凯尔特人以 109 比 103 拿下了第三场比赛，将大比分扳为 1 比 2。

系列赛第四场尤为关键，凯尔特人如果能够取胜将扳平大比分，而一旦失利，湖人就将拿到赛点。坐拥主场之利，凯尔特人上半场便以 55 比 47 领先。易边再战，伯德在第三节单节砍下 12 分。整场比赛，“绿衫军”最多曾领先 16 分。此后，“魔术师”和贾巴尔联手发威，凯尔特人的领先优势不断被蚕食。

终场前 30 秒，贾巴尔接“魔术师”传球空接暴扣，湖人以 104 比 103 反超。K.C. 琼斯请求暂停，比赛重新开始后，伯德底角命中三分，“绿衫军”再次反超 2 分。接下来的一个回合，贾巴尔遭遇犯规获得了两次罚球，一旦其两罚全中，比赛有可能被拖入加时。不料，在命中第一球后，“天勾”第二罚偏出，凯尔特人却丢掉了至关重要的篮球板。湖人立刻请求暂停，他们还有 7 秒的进攻时间。

暂停过后，“魔术师”在左侧底线接到球，麦克海尔上前封堵，“魔术师”突然向中路启动，帕里什立刻上来协防，被合围的“魔术师”没有选择传球，而是高高跃起，祭出一招“天勾”，篮球从麦克海尔和帕里什头顶掠过，空心入网，湖人重新领先。

随着伯德压哨投篮不中，湖人以 107 比 106 惊险获胜，以总比分 3 比 1 领先。“魔术师”这记“小小天勾”从此名垂青史。这一幕也成为总决赛历史上的经典瞬间之一 。

伯德赛后非常郁闷：“我曾预料到我们会被‘天勾’击败，却不料是败于‘魔术师’的‘天勾’。”尽管凯尔特人在随后的第五战保住了主场，但第六场做客大西洋论坛球馆，最终以 93 比 106 不敌湖人，遭遇一场溃败，将 1987 年总冠军奖杯拱手让给老对手。

02

廉颇老矣

Boston Celtics

经历了总决赛失冠的洗礼，1987/1988 赛季又老了一岁的凯尔特人主力阵容，却在常规赛重新焕发青春。他们在常规赛取得 57 胜 25 负的战绩，守住了东部第一的宝座，领先同区的华盛顿和纽约 19 个胜场。伯德拿到职业生涯最高的场均 29.9 分，并送出 9.3 个篮板、6.1 次助攻，三项命中率分别达到 52.7%、41.4% 和 91.6%，成功跻身“180 俱乐部”。

1988 年季后赛，凯尔特人在首轮轻松过关，但在东部半决赛遇到真正的考验——遭遇多米尼克·威尔金斯领衔的亚特兰大老鹰。在总比分 2 比 3 落后的不利局势下，“绿衫军”顽强地将总比分扳平，将系列赛拖入了第七场。此次“抢七大战”诞生了 NBA“小前锋对飙”史上的第一名局。

那场比赛，绰号“人类电影精华”的多米尼克·威尔金斯狂砍 47 分。从数据上看，伯德的 34 分比之逊色不少。但在最为关键的第四节，“大鸟”独得 20 分，带领球队以 118 比 116 惊险取胜。作为胜利一方，伯德在赛后主动与威尔金斯握手致意，并感叹道：“这样的比赛，没有失败者。”

“抢七大战”艰难淘汰老鹰后，凯尔特人在东部决赛遭遇联盟“新贵”底特律活塞。

东部决赛看上去像一场权力交接仪式。“微笑刺客”托马斯率领的底特律活塞已经崛起为东部豪强，新帅查克·戴利打造了一支令人闻风丧胆的“坏孩子军团”。

凯尔特人在 1988 年的东部决赛鏖战六场。伯德场均得到 19.8 分、12.2 个篮板、6.2 次助攻，麦克海尔场均砍下 26.8 分，凯尔特人双星闪烁。即便如此，依然没能阻止球队悲情的宿命，凯尔特人最终被活塞以 4 比 2 淘汰出局。

这次失利对于一直雄踞东部巅峰的凯尔特人而言，似乎没有任何影响。当时也许没有人会想到，“绿衫军”下一次参加东部决赛要等待 14 年之久。

在经历了八年五进总决赛的辉煌后，凯尔特人不可避免地走向衰退。K.C. 琼斯在 1988 年夏天离开了教练岗位，成为凯尔特人副总裁，他的助手吉米·罗杰斯接过教鞭。赛季开始前，“酋长”帕里什过完了 35 岁生日，31 岁的麦克海尔饱受脚伤折磨，防守大闸丹尼斯·约翰逊也有 33 岁的高龄。面对不断走向成熟的活塞、骑士和尼克斯，“绿

衫军”显得老气横秋。

1988/1989 赛季，伯德只打了 6 场比赛，因为要接受“脚跟骨刺移除手术”而宣布赛季报销，这给凯尔特人带来巨大打击。

本赛季唯一的亮点是二年级生雷吉·刘易斯的爆发。他在新秀赛季场均仅得 4.5 分，本赛季顶替伯德首发后，交出了场均 18.5 分、4.7 个篮板、2.7 次助攻的成绩单。虽然他进步神速，但显然难以填补“大鸟”不在的空缺。

1988/1989 赛季，凯尔特人常规赛仅仅取得 42 胜。缺少伯德这位领军人物，季后赛首轮即被如日中天的活塞横扫出局。底特律人之后一路势如破竹，夺得总冠军。

1989/1990 赛季，凯尔特人迎回了相对健康的伯德，36 岁的“酋长”帕里什老当益壮，场均拿下 15.7 分和 10.1 个篮板。由于后卫布莱恩·肖出走意大利联赛，雷吉·刘易斯的出场时间增加，场均拿下 20.2 分和 5.0 个篮板。

1989/1990 赛季，凯尔特人比上赛季多胜 10 场，顺利杀入季后赛，首轮对阵尼克斯。

在“绿衫军”鼎盛时期，纽约人只能作为配角存在。然而时过境迁，当双方在 1990 年季后赛首轮相遇时，双方态势悄然改变。凯尔特人竟然在先下两城的情况下，被帕特里克·尤因率领的尼克斯上演了“惊天”大逆转，最终以 2 比 3 惨遭出局。

1990/1991 赛季，凯尔特人再次换帅。罗杰斯的助理教练克里斯·福特成为“绿衫军”队史第 11 任主教练，他在 1978 年到 1982 年曾以球员身份效力凯尔特人。那个赛季，布莱恩·肖回归，他和雷吉·刘易斯组成年轻的后场“双枪”。

赛季前半段，凯尔特人取得 29 胜 5 负的不俗战绩。然而，伯德饱受背伤困扰导致状态起伏，凯尔特人也因此在下半程变得有些狼狈，最终跌跌撞撞地进入季后赛。凯尔特人在首轮以 3 比 2 艰难淘汰步行者后，半决赛被上届冠军活塞淘汰。

值得一提的是，在此之后，活塞被更年轻的公牛淘汰。乔丹在职业生涯的第七个赛季，终于揭开东部的“封印”，杀入总决赛。最终，公牛以 4 比 1 击败湖人。乔丹初次尝到了总冠军的滋味，并率领公牛开启了第一个三连冠时代。自此，联手统治整个 20 世纪 80 年代的“黑白双雄”成为历史中的辉煌，NBA 掀开崭新的一页。

03 “大鸟”退役

Boston Celtics

1991/1992 赛季初期发生了一个劲爆的事件：由于伯德一生之敌“魔术师”约翰逊在例行体检中被查出艾滋病抗体呈阳性，这位五届总冠军不得不提前宣布退役。多年之后，谈起那个时刻，伯德仍然记忆犹新：“‘魔术师’的经纪人给我打电话，提前告诉我他要发表声明的事情。我当时想马上与约翰逊通话。经纪人跟我说，他当时非常煎熬，但他还是允许我跟约翰逊通了话。说真的，那件事情真的让我无法在比赛中集中注意力，也不想跟老鹰打比赛了。那场比赛我几乎什么都没做。”

那个赛季，伯德因为背伤缺席了 37 场比赛。1991 年 3 月，在对阵波特兰开拓者的一场全美直播的比赛中，伯德完成了他的最后一次完美演出。他在第四节独得 16 分，包揽了凯尔特人最后夺得的 9 分，以及终场前两秒时一记扳平比分的三分球。经过双加时的苦战，波士顿最终以 152 比 148 获胜。这一战，伯德狂砍 49 分、14 个篮板、12 次助攻，犹如天神一般。

在伯德、麦克海尔养伤期间，刘易斯成为“绿衫军”当之无愧的领袖。他连续两个赛季场均得分超过 20 分，成为队史唯一一个单季同时拿到 100 个篮板、100 次助攻、100 次抢断和 100 次封盖的球员。凯尔特人在赛季末段的最后 16 场比赛中拿下了 15 场胜利，与尼克斯同为 51 胜 31 负，凭借相互交手战绩，力压尼克斯成为分区冠军。

那年季后赛，伯德在两轮比赛中只出战了 4 场。刘易斯继续了自己的出色发挥。与步行者的东部首轮比赛，刘易斯场均得到 27.7 分。凯尔特人分别以 124 比 113、119 比 112、102 比 98 横扫雷吉·米勒的球队。东部决赛，凯尔特人与骑士鏖战七场最终遗憾出局。刘易斯在第三场轰下 36 分后，第四场又得到了 42 分、6 次助攻、5 次抢断。在伯德和麦克海尔的职业生涯即将画上句号时，一个不断进步的新星后卫在波士顿冉冉升起。

1992 年“梦之队”集结时，35 岁的拉里·伯德刚刚打完自己的第 13 个赛季，当时正被严重的背伤困扰。可就像“魔术师”所说的那样：“拉里，他必须入选‘梦之队’。如果没有他，‘梦之队’便名不副实。”作为双队长之一，伯德出战了巴塞罗那奥运会的全部八场比赛。“梦之队”以摧枯拉朽之势席卷世界。在拿到奥运男篮金牌 10 天之后，也就是 1992 年 8 月 18 日，伯德正式宣布退役。

在凯尔特人为拉里·伯德举办的退役仪式上，“大鸟”一生的对手“魔术师”动情地说：“拉里，你这辈子就骗了我一次。你说还会有第二个伯德，但是拉里，以后永远、永远不会出现另一个拉里·伯德。”

“黑白双雄”在同年进入联盟，又因疾病或伤患几乎同时告别 NBA，一段经典对抗的传奇就此落下帷幕。

第九章
幽暗岁月

01

又一位天才离去

Boston Celtics

随着拉里·伯德的退役，凯尔特人进入了全新的时代。1992/1993 赛季，“绿衫军”开局不利，前十场比赛仅仅取得两场胜利。在输掉了 1992 年最后一场比赛后，球队的成绩为 12 胜 17 负。新年到来后，凯尔特人却触底反弹，在接下来的比赛中取得 36 胜 17 负的不俗战绩。最终，他们以常规赛 48 胜 34 负的成绩挺进季后赛。

1993 年 2 月 5 日，凯尔特人为伯德举行球衣退役仪式，33 号球衣永久地高挂在花园球馆上空。在球衣退役仪式上，“魔术师”约翰逊作为特约嘉宾出现，这也是他和“大鸟”最后一次“同台竞技”。

有趣的是，“魔术师”约翰逊穿着一件凯尔特人“死敌”湖人的球衣来到花园球馆，

似乎像是来“砸场子”的。之后，当他露出里面的凯尔特人球衣时，与伯德相视而笑。这一幕于是成为永恒，被无数球迷津津乐道。

1991/1992 赛季，当“魔术师”约翰逊被检测出身体携带艾滋病毒而无奈退役时，伯德表现出深深的惋惜与不舍。“魔术师”与“大鸟”既是一生死敌，又是一生挚友。他们惺惺相惜，彼此成就最好的自己，这也许就是伟大对手的最好典范。

伯德归隐，他的老搭档、昔日的“铁三角”之一——罗伯特·帕里什扛起“绿衫军”的内线。1992/1993 赛季，这位 40 岁的老将出战 79 场，依然能场均贡献 12.6 分和 9.4 个篮板的“准两双”数据。

雷吉·刘易斯在 1992/1993 赛季被任命为凯尔特人队长，他也随之迎来自己职业生涯的巅峰——场均 20.8 分、1.5 次抢断以及创职业生涯新高的 3.7 次助攻。

然而，这位凯尔特人新一代的年轻领袖。奥尔巴赫钦定的“伯德接班人”，在前程似锦的开篇之际，生命却戛然而止

1993 年 4 月 29 日，季后赛揭幕战，凯尔特人坐镇主场迎战夏洛特黄蜂。刘易斯开场后表现十分抢眼，连续得分，为“绿衫军”奠定胜利的基调。但是，意外发生了，在一次普通的进攻回合，刘易斯脚步突然踉跄，在没有任何对抗的情况下倒在地板上，他挣扎着坐起来，做了拉伸。最终起身，走向替补席时，脸上带有困惑和恐惧。

在队医完成检查后，刘易斯又回到了赛场，只打了 2 分多钟得了 6 分后，就因为健康原因而退赛。那场比赛，他得到 17 分。之后，刘易斯被诊断出心脏异常，并错过剩余的所有比赛。缺少队长的凯尔特人最终连输三场，首轮以 1 比 3 被黄蜂淘汰。

最终，刘易斯被诊断出患有严重的心肌症，从事大量体力活动时血液流动异常。医

生建议刘易斯立即退役，但他渴望重回赛场。尽管刘易斯做足了保护，球队也专门配了除颤仪和起搏器，但死神没有放过他。

1993 年 7 月 23 日，刘易斯在布兰迪斯大学进行投篮训练时，突然倒地，呼吸困难，僵成一团。仅仅 3 小时后，年仅 28 岁的刘易斯在医院里停止了呼吸。

雷吉·刘易斯的突然离去令整个波士顿都陷入了震惊与悲怆之中，为了纪念这位英年早逝的队长，凯尔特人永久退役了他的球衣。35 号球衣被升至花园球馆的上空，和诸多“绿衫”队史名宿的战袍并肩而列。

如果说拜亚斯的死是“凯尔特人王朝”沉沦的开始，那刘易斯的离开则让“绿衫军”彻底陷入黑暗。直到今天，人们依然在讨论，如果没有出现那样的悲剧，当时的凯尔特人会是什么样。一向争强好胜的“红衣主教”说：“我想 20 世纪 80 年代后期和 90 年代应该是我们统治全联盟，不可能会让底特律的‘坏孩子军团’如此嚣张，更不可能存在什么‘公牛王朝’。”

1993 年 5 月 5 日，季后赛第四战，凯尔特人以 103 比 104 惜败于黄蜂，以总比分 1 比 3 被淘汰。之后，告别季后赛征程的麦克海尔宣布正式退役。这位曾与伯德、帕里什一起组成“铁三角”，为凯尔特人 20 世纪 80 年代建立三冠王朝的股肱之臣就此告别花园球馆的赛场。麦克海尔是入选 7 届全明星、获得 2 届最佳第六人、被评为 NBA50 大巨星之一的“绿衫”名将。他的 32 号球衣也永久地高悬于花园球馆。

由于刘易斯的去世和麦克海尔的退役，凯尔特人在接下来的 1993/1994 赛季只取得了 32 胜 50 负的战绩，这是自 1978/1979 赛季以来的最差表现。唯一的亮点是新秀迪诺·拉德加，这名来自克罗地亚的天才射手在 22 岁时就被凯尔特人选中，但直到 1993 年，26 岁的他才进入 NBA。在这之前，拉德加所带领的克罗地亚队已经是世锦赛冠军和两届奥运会的银牌得主，而他自己在欧洲联赛中已然成为最恐怖的得分手之一。拉德加在自己的 NBA 处子赛季就打出了 15.1 分、7.2 个篮板的数据，入选了新秀最佳第二阵容，他也是凯尔特人历史上第六个在新秀赛季取得 1000 分以上的球员。

1994 年夏天，昔日“铁三角”的最后一位——帕里什也离开了效力长达 14 年之久的凯尔特人，以自由球员身份加盟黄蜂。作为队内最后一个 1986 年的冠军成员，“酋长”的离开标志着一个时代的结束。

“伯德时代”的替补队员迈克尔·里昂·卡尔被任命为篮球运营副总裁，他在那年的选秀大会上用 9 号签选来了北卡明星球员埃里克·蒙特罗斯，又在自由市场签下多米尼克·威尔金斯。彼时，34 岁的“人类电影精华”场均依然能砍下 26 分，余勇可嘉。

1994/1995 赛季是凯尔特人在波士顿花园球馆的最后一个赛季，迪·布朗打出了进入 NBA 以来最好的数据，场均拿下 15.6 分，成为球队上场时间最多的球员。新秀蒙特罗斯交出了场均 10.0 分和 7.3 个篮板的成绩单，并入选新秀全明星阵容。

“后伯德时代”的主力控卫谢尔曼·道格拉斯在赛季初段由于伤病缺席了 17 场比赛，他在赛季后半段复出后表现不俗，场均得到 14.7 分并送出 6.9 次助攻。而多米尼克·威尔金斯和迪诺·拉德加也为球队带来了很大帮助，前者场均得到 17.8 分、5.2 个篮板，后者场均得到 17.2 分、8.7 个篮板。

凭借赛季末段的一路狂飙，“绿衫军”最终在 1994/1995 赛季以 35 胜 47 负的战绩位列东部第八，搭上了季后赛末班车，不过第一轮就被沙奎尔·奥尼尔领衔的魔术淘汰。

1994/1995 赛季结束后，因战绩平平，凯尔特人宣布辞退主教练克里斯·福特。在福特教练执教的 5 个赛季里，凯尔特人取得了 222 胜 188 负，可谓不温不火。这样的战绩对于有着 16 冠光辉历史的“绿衫军”而言，显然不能令人满意。

02

摆烂的低谷

Boston Celtics

从1946年开始征战BAA直到1995年，波士顿花园球馆见证了凯尔特人历史上最辉煌的两个时期——比尔·拉赛尔的20世纪60年代和拉里·伯德的20世纪80年代，也见证了16面总冠军旗帜的升起。1995年9月29日，这座服役近50年的球馆正式关闭。接替它的是一座全新的现代化体育馆——TD北岸花园球馆（又名舰队中心球馆，2009年7月更名为TD花园球馆）。

1995/1996赛季，迈克尔·里昂·卡尔接过了福特留下的教鞭，凯尔特人进入了漫长的重建期。在这个33胜49负的赛季里，球队仅有两个亮点。一个是1995年12月取得的六连胜；另一个是1996年4月4日，在落后19分的情况下翻盘奥兰多魔术，结束其对阵东部球队的51连胜。

1996年选秀大会诞生了NBA历史上的“黄金一代”，他们之中有科比、艾弗森、纳什和雷·阿伦这样的超级球星，也有费舍尔、佩贾、小奥尼尔这样的明星球员。在那届改写联盟历史的选秀大会上，奥尔巴赫手中的6号签原本是冲着邓肯去的，可惜这名维克森林大学的大三学生在最后时刻退出了选秀。凯尔特人只好选择安托万·沃克，他像伯德一样身材高大魁梧，进攻手段多样，还有一手精准的远投技术。

事实上，凯尔特人曾经在选秀前安排科比来试训，奥尔巴赫甚至派出9次入选最佳防守阵容的丹尼斯·约翰逊检验这名高中生的实力。约翰逊在训练完成后向球队汇报：“这个小子能在我的防守下如此自如地得分，此人必成大器。”凯尔特人总经理兼主帅迈克尔·里昂·卡尔也很欣赏科比，但最终球队还是拒绝为一名17岁的高中生承担风险。卡尔透露，当他担任教练后，老板保罗·加斯顿直接告诉他，1996/1997赛季球队的目标就是在接下来的选秀中得到蒂姆·邓肯。

最终，科比在第13顺位被黄蜂选中后交易到了湖人，成了“绿衫军”的死敌。新秀赛季，安托万·沃克打满了82场常规赛，在场均36.2分钟的上场时间中，可以得到17.5分、9个篮板，成功入选了含金量十足的1996年最佳新秀一阵。但是，沃克一个人无法承担起凯尔特人复兴的重任，在那个不堪回首的“摆烂赛季”，凯尔特人最终赢了

15 场，战绩排名联盟倒数第二，仅比灰熊（14 胜）强。

圆满完成“摆烂任务”后，迈克尔·里昂·卡尔离开了帅位。1997 年 5 月，凯尔特人与刚刚率领肯塔基大学夺冠的里克·皮蒂诺签下一份 10 年 7000 万美元的合同，后者成为 NBA 最富有的年轻主帅，而皮蒂诺之所以肯接手是因为他以为邓肯会成为球队的新核心。

然而，事情并没有朝着奥尔巴赫希望的方向发展，“摆烂三巨头”中机会最小的马刺却得到了幸运女神的眷顾，波波维奇拿到了“状元签”并选择了邓肯，一举建立了 20 年的“马刺王朝”。失意的“绿衫军”用“探花签”选择了科罗拉多大学的昌西·比卢普斯，又在第 6 顺位选了来自肯塔基大学的罗恩·默塞尔，他是皮蒂诺在肯塔基大学执教时的爱将。

新帅皮蒂诺上任时向球队和球迷许诺，会付出比“红衣主教”所付出过的更多的努力使凯尔特人重回辉煌。他的波士顿首秀也确实让人们看到了希望：1997 年 10 月 31 日，面对来访的上届冠军芝加哥公牛，皮蒂诺的球队在第一节落后 20 分的情况下完成大逆转。一夜之间，联盟都在传言“波士顿王朝”要复辟了。

作为凯尔特人的新核心，安托万·沃克在那个赛季进步飞快：场均拿下 22.4 分、10.2 个篮板，不仅入选了全明星，还当选了《NBA Live 99》的封面人物。新秀罗恩·默塞尔也证明了自己的得分和防守能力，场均得到全队第二高的 15.3 分。然而，比卢普斯在皮蒂诺的体系中却迟迟找不到节奏，皮蒂诺要求控卫提速，但这并非比卢普斯最擅长做的事情。

波士顿管理层也很快就对比卢普斯失去信心，在为凯尔特人打了 51 场球后，球队便将他和其他几名角色球员打包交易到了多伦多。在皮蒂诺执教的首个赛季，凯尔特人取得 36 胜 46 负的战绩，虽然比前一个赛季多赢 21 场，却依然无缘季后赛。

“绿衫军”在失意的低谷徘徊，他们即将迎来改变球队命运的又一个传奇人物。

03

“真理”驾到

Boston Celtics

1998年选秀大会，当大卫·斯特恩在台上宣布“首轮第10顺位，波士顿凯尔特人选择保罗·皮尔斯”时，“绿衫军”主帅里克·皮蒂诺兴奋地高呼：“我们捡到了宝贝，皮尔斯会是那个带领凯尔特人走向复兴的人。”

从拉里·伯德退役到保罗·皮尔斯加盟，波士顿凯尔特人经历了6年核心空白期。很显然，这位来自堪萨斯大学的锋线新星，是可以胜任“绿衫军”核心的帅才。

有趣的是，作为土生土长的洛杉矶人，皮尔斯一直梦想穿上湖人的紫金球衣。选秀夜前，他甚至都没有为凯尔特人试训过。也正是因为命运的安排，皮尔斯披上了湖人“死敌”的绿色战袍，一段“PP版的绿色传奇”也就此拉开序幕。

好事多磨。1998/1999赛季，皮尔斯的处子赛季赶上了NBA史上第三次大停摆。这次停摆持续了191天。直到1999年2月5日，皮尔斯才迎来职业生涯首秀，对手是文斯·卡特（1998年首轮第5顺位新秀）领衔的多伦多猛龙。这场同级新秀之间的大战备受关注，皮尔斯拿下19分、9个篮板、5次助攻，表现力压卡特。

在那个著名的缩水赛季，凯尔特人打出19胜31负的战绩。皮尔斯打了48场比赛，场均得到16.5分、6.4个篮板和2.4次助攻，入选了最佳新秀阵容一队。

随着罗恩·默塞尔被交易丹佛掘金，凯尔特人确定了以皮尔斯和沃克为核心的“双子星组合”。两人在1999/2000赛季场均分别拿下全队最高和第二高的20.5分和19.5分。最终，凯尔特人在该赛季取得35场胜利，在大西洋赛区排名第五。26场主场胜利也是球队移师TD北岸花园球馆后取得的单赛季最多胜场。

正当皮尔斯作为新星冉冉升起之时，

CELTICS
34
CELTICS
20

一场意外险些断送他的职业生涯，甚至危及生命。

2000年9月25日凌晨一点，在波士顿的BUZZ酒吧，皮尔斯意外卷入一场斗殴事件。他被捅了11刀，其中最致命的一刀伤及肺部，距离心脏仅仅0.25厘米。

那一刻，似乎皮尔斯就要陷入“波士顿新秀早夭之魔咒”。可出乎意料的是，他不仅顽强地活了下来，而且3天后就出院了。18天后，皮尔斯重返训练场。奇迹就这样发生了！

在接下来的2000/2001赛季，皮尔斯似乎没有受到刀伤的影响。他打满82场，场均25.3分、6.4个篮板和3.1次助攻。沃克出战81场，场均砍下23.4分、8.9个篮板和5.5次助攻。“双子星”继续大放光芒，但球队整体实力不强，凯尔特人依然无缘季后赛。

该赛季中期，皮蒂诺主动辞去主帅职务，助教吉姆·奥布莱恩被任命为临时主教练。“绿衫军”的最终战绩为36胜46负，连续6个赛季无缘季后赛。

2001/2002赛季，“双子星组合”迎来了他们的巅峰。皮尔斯继续朝着超级球星的方向挺进，打满82场，以2144分的总得分成为凯尔特人队史的单赛季总得分王。

在客场对阵湖人的比赛中，皮尔斯全场19投13中，砍下42分。尽管凯尔特人以107比112不敌湖人，但皮尔斯却赢得了对手的尊重。“大鲨鱼”拉着记者说：“记下

来我说的话，我的名字是沙奎尔·奥尼尔，保罗·皮尔斯是‘真理’。我以前知道他厉害，但我不知道他这么厉害，保罗·皮尔斯就是‘真理’。”从此，皮尔斯“真理”的绰号不胫而走，成为 NBA 中最拉风的绰号之一。

2001/2002 赛季，沃克场均得到 22.1 分、8 个篮板和 5 次助攻。凯尔特人常规赛取得了 49 胜 33 负的战绩，“绿衫军”自 1991/1992 赛季以来第一次取得 40 场以上的胜利，时隔 6 年再次站在季后赛的舞台上。

2002 年季后赛首轮，凯尔特人与 76 人这对老冤家再次碰面。“双子星组合”与“答案”阿伦·艾弗森大战 5 场，其中第五场生死战末节，“双子星组合”联手飙进 7 记三分，将 76 人的反扑彻底浇灭。那场比赛，皮尔斯 25 投 16 中，三分球 10 投 8 中，轰下 46 分、4 个篮板、6 次助攻，46 分也是“真理”季后赛单场最高得分纪录。

随后，凯尔特人以 4 比 1 淘汰了即将崛起的活塞，时隔 14 年再次晋级东部决赛，对手是贾森·基德领衔的新泽西篮网。系列赛第三场，皮尔斯上演了 NBA 季后赛历史上最大分差的第四节逆转好戏。他在第四节砍下全场 28 分中的 19 分，率领“绿衫军”在落后 21 分的劣势下反败为胜，最终以 94 比 90 击败篮网，以总比分 2 比 1 领先。

接下来，篮网强势反弹，连赢三场。虽然皮尔斯表现神勇，但他与沃克的“双子星组合”面对基德、肯扬·马丁与理查德·杰弗森的“三叉戟组合”，还是稍显势单力薄。最终，凯尔特人以 2 比 4 不敌篮网，止步于东部决赛。

04

丹尼·安吉回归

Boston Celtics

接下来的三个赛季，凯尔特人都打进了季后赛，但是再也没有达到过 2001/2002 赛季的高度。这期间，球队发生了很多大事。

第一件大事是 2002 年底发生的收购。格罗斯贝克家族和其他投资人组成的波士顿体育伙伴公司成功从保罗·加斯顿手中收购了凯尔特人。这桩收购使得凯尔特人的控股权自 1964 年沃尔特·布朗去世以来第一次回到波士顿当地人的手中。

第二件大事对“绿衫军”日后的发展起到了决定性的作用。2003 年夏天，凯尔特人的昔日旧将——丹尼·安吉成为“绿衫军”的总经理。

提起安吉，大多数人都认为他是 NBA 最精明同时也是最无情的经理人。他的冷酷

无情在其上任之初便可领略。在距离 2003/2004 赛季开始还剩 9 天时，安吉将“双子星组合”拆散，安托万·沃克被送到了达拉斯小牛。

此事过去多年，沃克对于安吉依然十分不满：“安吉就是一个骗子！当时我们正在新赛季训练营中，就在我们打完了最后一场季前赛后，他们突然决定交易我。我和皮尔斯已经合作了 4 年，我们二人组的得分数据统计在当时仅次于‘OK 组合’。我们正准备开始在凯尔特人成就一番事业，而安吉却毫无理由地交易了我。”

第三件大事是道格·里弗斯于 2004 年 4 月 29 日成为凯尔特人第 16 任主教练。就此，“绿衫军”管理层的“三驾马车”搭建完毕。里弗斯上任的首个赛季就率队取得 45 胜 37 负的不俗战绩，凯尔特人自 1991/1992 赛季以来第一次重新登上竞争激烈的大西洋分区顶峰，这也是球队历史上第 25 次获得分区冠军。

从 2004 年到 2007 年，安吉在选秀大会上物色了一众潜力新人。2004 年，安吉用手里的 3 个首轮选秀权分别摘取了艾尔·杰弗森、德隆蒂·韦斯特和托尼·阿伦。2005 年，凯尔特人在第 18 顺位选择了“九指扣篮王”杰拉德·格林。2006 年，安吉通过交易得到了太阳队 21 号新秀——拉简·隆多。2007 年，安吉在首轮第 5 顺位选中杰夫·格林。后来，这些青年才俊有的成为重建道路上的交易筹码，有的甚至成为称霸联盟的冠军拼图。无论如何，这些后来耳熟能详的名字都证明了安吉的眼光毒辣，如同昔日的“红

衣主教”一般。

在每一个黎明到来之前，一定是令人窒息的漫长黑夜。2005/2006 赛季，随着沃克的离去，凯尔特人开始进入重建期，皮尔斯的状态达到职业生涯的巅峰，而球队却沦为“鱼腩”。

从 2006 年 2 月 4 日到 3 月 8 日的 14 场比赛里，他有 13 场得分超过 30 分，其中 2 月 16 日主场迎战骑士，皮尔斯全场砍下 50 分，刷新职业生涯单场最高得分纪录。

2006/2007 赛季对于凯尔特人来说，无疑是一个“至暗时刻”。

2006 年 10 月 29 日，一手缔造“绿衫王朝”的奥尔巴赫与世长辞，享年 89 岁。这位凯尔特人乃至 NBA 最伟大教练的离开，令整个篮球界都陷入无尽的悲痛和缅怀之中。

作为主教练，奥尔巴赫率领凯尔特人九夺总冠军，包括一波旷古绝今的八连冠。NBA 年度最佳教练奖以他的名字命名。作为总经理，他又运筹帷幄，为凯尔特人招来伯德、帕里什和麦克海尔等青年才俊，塑造了 20 世纪 80 年代的“绿衫王朝中兴”。可以说，凯尔特人 17 冠中的 16 冠都与他息息相关。更为重要的是，奥尔巴赫奠定了凯尔特人的王者风骨与硬核气质。

“红衣主教”虽然离去，但他的丰功伟绩将与凯尔特人的辉煌历史同在。

由于受伤，皮尔斯缺席了 35 场比赛。“绿衫军”一直处于动荡不安的状态，一度创造了 18 连败的尴尬纪录。前 16 场失利，皮尔斯并没有参与，只能神情没落地坐在替补席上……

在那段最难熬的日子里，皮尔斯像一个孤独的斗士，守护着“绿衫军”最后的骄傲。然而，时间不会辜负每一个努力的人，在波士顿坚守的第十年，皮尔斯终于等来了属于他的光辉岁月。

CELTICS
KEVIN McHALE
CAREER POINT
ROBERT PA
CAREER POINT

CELTICS
34
NIKE

第十章
“三巨头”时代

01 “波士顿三巨头”

Boston Celtics

经过了两年的蛰伏，凯尔特人在2007年夏天迎来蜕变机会。选秀大会当晚，安吉用5号新秀杰夫·格林、老将沃利·斯泽比亚克以及后卫韦斯特换来雷·阿伦和新秀格伦·戴维斯，这笔交易让凯尔特人拥有了当时全联盟最出色的外线射手。

一个月后，凯尔特人完成了NBA历史上最重磅的交易之一：送出艾尔·杰弗森、杰拉德·格林、莱恩·戈麦斯、塞巴斯蒂安·特尔菲尔、西奥·拉特利夫和两个2009年的首轮选秀权，换来了“狼王”凯文·加内特。

就这样，三个“老男孩”——30岁的皮尔斯、31岁的加内特和32岁的雷·阿伦为了同一个总冠军的梦想在波士顿聚齐。2007年8月1日，凯尔特人召开发布会，正式推出“三巨头组合”。这样的画面不禁让人想起1980年时伯德、帕里什和麦克海尔聚首时的豪情壮志，波士顿人已经开始憧憬“绿衫军”崛起的盛景。然而，当时并不是所有人都看好这支凯尔特人的前景。考虑到“三巨头”都已经年过三十，如果不能建立起良好

的化学反应，随着时间的推移，凯尔特人很可能会成为大家的笑柄。

为了得到加内特，凯尔特人送走了多名球员。当时的“工资帽”只有 5563 万美元，安吉在操作空间极小的情况下签下老将埃迪·豪斯、詹姆斯·波西等来充实板凳，加上队内迅速成长的新人隆多、主力中锋肯德里克·帕金斯、新秀“大宝贝”格伦·戴维斯和防守悍将托尼·阿伦，凯尔特人就这样完成了球队阵容的搭建。

与那些晚年抱团却最终失意的前辈不同，“绿衫军三巨头”第一年便完美融合，三位大佬间的角色分配和牺牲精神是其中关键。雷·阿伦大范围降低持球攻击，专心做射手；加内特将 80% 的精力放在防守上，剩下的 20% 的精力用于逼着队友防守；皮尔斯则成为“Play Maker”，在关键时刻拔出弯头剑来结果对手。“三巨头”完美诠释了团队球员的定义，分享球权对他们而言根本不算什么难事。

每一个怀揣绿色梦想的凯尔特人都血脉偾张，属于绿色王朝复兴的时刻即将到来。加内特、皮尔斯和雷·阿伦，三位在各自球队有过不同领袖经历的“老男孩”深知这一赛季携手的美妙和难得。“我很期待新赛季，想一下，现在我们拥有凯文和雷，我想每一个对手在查看赛程表时都会注意我们。”皮尔斯说出这段话时满面春光。凯尔特人队史上又一个伟大的赛季即将到来。

2007/2008 赛季终于拉开大幕。2007 年 10 月 31 日，“三巨头”联手后的首场比赛，凯尔特人以 103 比 83 大胜奇才。皮尔斯砍下 27 分，雷·阿伦得到 17 分，加内特奉献 22 分、20 个篮板。首战告捷之后，凯尔特人打出一波惊人的八连胜，创下球队 20 年来的最佳

开局，那股久违的“绿色旋风”似乎又重新袭来，沁人心脾，令人神迷。

当时，凯尔特人场均得分是 101 分，只能排在联盟中游水平。但他们真正可怕的是防守端，场均只让对手得到 90 分，防守效率联盟第一。助理教练锡伯杜打造了一支铁血“绿衫军”，压迫式的防守往往让比赛在三节结束后就失去了悬念。

凯尔特人在“三巨头”的带领下一路高歌猛进，赛季前 32 场比赛中，仅仅输掉 3 场。2008 年 3 月 9 日，加内特在对阵灰熊的比赛中完成了职业生涯 20000 分的里程碑。10 天后，凯尔特人在休斯敦大胜（超越对手 20 分），终结了火箭的 22 连胜。

此后，凯尔特人又在自由市场上签下 P.J. 布朗和两届总冠军后卫萨姆·卡塞尔。同样后卫出身的安吉很清楚季后赛完全不同于常规赛，想要在季后赛走得更远，球队需要卡塞尔那样经验丰富的指挥官。就这样，“绿衫军”夺冠路上的最后两块拼图集齐了。

2007/2008 赛季常规赛结束，凯尔特人打出了 66 胜 16 负的常规赛第一战绩，昂首挺进季后赛。皮尔斯场均得到 19.6 分，雷·阿伦场均得到 17.4 分。加内特场均贡献 18.8 分、9.2 个篮板，并当选最佳防守球员。安吉也凭借转会市场的一系列神奇操作当选为年度最佳总经理，“绿衫军”在一片赞美声中踏上季后赛的征程。

2008 年季后赛首轮，面对常规赛只有 37 胜 45 负、落后自己 29 个胜场的老鹰队，凯尔特人险些阴沟翻船。老鹰队阵中有乔·约翰逊，艾尔·霍福德，迈克·毕比和约什·史密斯等一众实力战将，前六场双方都守住了各自的主场。“抢七大战”中，“绿衫军”打出了总决赛级别的防守，让老鹰队全场只得到 65 分，最终以 99 比 65 晋级第二轮。

那年，凯尔特人在东部半决赛迎战“小皇帝”勒布朗·詹姆斯领衔的骑士，后者在前一个赛季历史性地闯进总决赛。与首轮进程如出一辙，凯尔特人守住了所有主场，但也输掉了所有的客场。

2008 年 5 月 19 日，在 TD 北岸花园球馆进行的“抢七大战”成为历史上又一次经典的对飙。詹姆斯与皮尔斯，两位东部顶级小前锋，在此战杀得天昏地暗。这样的“神仙打架”让人不禁想起 1988 年“大鸟”伯德（34 分）与“人类电影精华”威尔金斯（47 分）的巅峰对决。最终，詹姆斯砍下全场最高的 45 分，皮尔斯不甘示弱，也轰下 41 分，并率领凯尔特人以 97 比 92 取得胜利，以总比分 4 比 3 将骑士淘汰出局。

经过前两轮系列赛“抢七大战”的洗礼，“三巨头”率领的凯尔特人第一次季后赛之旅渐入佳境。面对连续六个赛季杀进东部决赛的“活塞五虎”，在赢下第一场比赛后，凯尔特人在第二场被活塞打破了主场不败金身。

凯尔特人很快就在第三场回应了对手，这是他们那年季后赛第一次在客场赢球。在第四场客场输给活塞之后，凯尔特人再也没有给对手任何机会，回到主场赢下“天王山之战”。随后再次攻破奥本山宫殿球馆，最终以 4 比 2 淘汰活塞，挺进总决赛。

2008 年的总决赛，凯尔特人与湖人在阔别 21 年后再次碰面，历史上第 11 次“黄绿大战”一触即发。从远古时代的拉塞尔与张伯伦，到 20 世纪 80 年代的“黑白双雄”争霸，这对宿敌经过多年的蛰伏，终于在 2008 年开启了“黄绿大战”第三章。

2008 年 2 月，湖人在交易截止日前得到了全明星大前锋保罗·加索尔，加上常规赛 MVP 得主科比·布莱恩特，他们一跃成为西部最耀眼的球队。

02

第十七个总冠军

Boston Celtics

2008年总决赛揭幕战，凯尔特人与湖人一开场便杀得难分难解。第三节，皮尔斯被队友帕金斯误伤膝盖，直接被抬进更衣室。当他下场时，凯尔特人以58比62落后湖人，在TD北岸花园球馆目睹了这一幕的“绿衫”球迷心急如焚。

然而，仅仅过了3分钟，皮尔斯经过短暂治疗后，重回赛场。他带伤单节砍下15分，关键时刻命中两记三分，凯尔特人凭借这一波攻势以98比88赢得总决赛的开门红。

彼时，现场雷鸣般的掌声是对皮尔斯最为崇高的赞誉，这位“绿衫军”队长上演了“王者归来”，完美地诠释了凯尔特人的铁血精神。

第二场比赛继续在波士顿进行，凯尔特人顺风顺水，二年级新秀里昂·鲍威大放异彩，他在15分钟上场时间里拿下21分，凯尔特人进入末节时已取得20分以上优势。但戏剧性的场面出现了，湖人打出一波31比9的高潮，在终场前38秒将分差缩小到2分。不过，皮尔斯的关键罚球稳定了军心，凯尔特人最终以108比102胜出，在前往洛杉矶三连客之前获得了2比0的领先优势。

第三战移师斯台普斯进行，皮尔斯和加内特手感冰凉，两人合计35投8中。雷·阿伦孤掌难鸣，湖人成功保卫了主场。第四场，凯尔特人创造NBA总决赛最大分差——24分的逆转纪录，以97比91在客场完成惊天逆转，凭借总比分3比1拿到赛点。

第五战，皮尔斯砍下38分，却在最后时刻被科比抢断、快攻、扣篮一条龙，拱手让出胜局。带着2比3的总比分，湖人再一次飞赴波士顿。

2008年6月18日，第六场重回TD北岸花园球馆的凯尔特人志在必得，他们在半场结束时已经建立起了23分的领先优势，在全场球迷山呼海啸的“Beat LA”助威声中，“绿衫军”越战越勇，没有给湖人任何反扑的机会。在第四节轰下42分后，凯尔特人以131比92，主场以39分的巨大分差击败湖人，以4比2的总比分夺得总冠军，这也是凯尔特人历史上第17座总冠军奖杯。

皮尔斯在总决赛中场均得到21.8分、4.5个篮板、6.3次助攻，加冕总决赛MVP，他在总决赛前两场的卓越表现为“绿衫军”夺冠奠定了基调。

GET YOUR CREDIT SCORE TODAY FOR FREE
BRYANT
24
ODOM
7
43
LAKERS

LAKERS
24
CELTICS
34

总决赛第六场最后一分钟时，诞生了一个足以让凯尔特人球迷毕生难忘的长镜头：加内特用毛巾遮住面颊，不想让人捕捉到他流泪的画面；皮尔斯用一桶佳得乐为主帅里弗斯做洗礼；雷·阿伦扬手命中六记三分后潇洒回防……

这注定是一个难忘的夜晚，在经历了 22 年的漫长等待后，凯尔特人再一次站在了 NBA 的巅峰。当 TD 北岸花园球馆撒下绿色的彩带时，加内特径直走向球场中央，与“指环王”拉塞尔紧紧拥抱，不断重复着一句话：“我也拿到总冠军了。”一向安静的雷·阿伦也难以抑制心中的兴奋，亲吻他的每一个孩子。

荣耀同样属于凯尔特人过往的每一位名宿。拉塞尔和哈夫利切克坐在 TD 北岸花园球馆的贵宾席见证了后辈们写下新的历史。比赛还没结束，安吉收到了老队友伯德的短信，内容简单明了：“干得漂亮，丹尼。我真为你开心。”第二条短信来自森林狼总经理麦克海尔，同样简单明了：“恭喜你。”解说席上的汤姆·海因索恩激动得泣不成声，他以球员、教练和解说嘉宾的身份参与了球队全部 17 次夺冠。老板格罗斯贝克嘴里叼上了那根象征胜利的雪茄，虽然是为了“红衣主教”奥尔巴赫。

2008 NBA FINALS
2008 WORLD
CHAMPIONS

CHAMPIONS
CELTICS

“抢七”惜败魔术

Boston Celtics

2008年10月28日，新赛季揭幕战，TD北岸花园球馆上空升起第17面总冠军旗帜。凯尔特人主场以90比85击败了克利夫兰骑士，正式开启卫冕征程。“绿衫军”赛季初期气势如虹，展现出强大的统治力。从11月15日到12月23日，“三巨头”带领球队打出一波19连胜的高潮，场均净胜对手14.3分，超越了1982年“大鸟”伯德率队完成的18连胜，刷新了队史最长连胜纪录。

2008年的圣诞大战是一个转折点。此战开始前，凯尔特人正在经历队史最长的19连胜，27胜2负也是当时的NBA最佳开局纪录。圣诞大战上，尽管“三巨头”联手砍下56分，也无法改写83比92不敌湖人的结局，输掉了这场全美直播的重头戏。

圣诞大战失利之后，凯尔特人经历了低谷期，随后的10场比赛输掉8场。

2009年1月12日，凯尔特人重新找回赢球的感觉，以94比88战胜多伦多猛龙，此后开启了一波12连胜。之后“绿衫军”再遭打击，2月20日，在凯尔特人客场挑战爵士的比赛中，加内特意外扭伤右膝，直接被搀扶回更衣室。这次受伤让凯尔特人的卫冕前景蒙上了一层阴影，尽管加内特在3月曾短暂复出四场，但最终还是因为膝盖无法支撑而赛季报销。常规赛收官之战，凯尔特人主场以115比107战胜华盛顿奇才，以62胜20负的战绩排名东部第二。虽然常规赛凯尔特人打得还算顺风顺水，但接下来到了残酷的季后赛，加内特的缺阵对于球队的影响是致命的，而且很快就显现出来。

2009年季后赛，凯尔特人首轮对阵东部第七芝加哥公牛，这组看似强弱分明的对决却演变为惨烈的七场大战。系列赛第一场，皮尔斯在第四节错失终结比赛的罚球。加时赛最后时刻，雷·阿伦投篮不中。由于凯尔特人缺少加内特的内线保护，新科状元德里克·罗斯频频突破、来去如风，独得36分、11次助攻，率领公牛以105比103从波士顿带走胜利。

第二场是雷·阿伦的救赎之战，他在最后时

刻连中两记三分，帮助球队拿下比赛。然而，赢球的凯尔特人也付出了惨痛的代价，替补大前锋里昂·鲍威因膝伤赛季报销，让本来就人员紧张的“绿衫军”更加雪上加霜。

第三场移师芝加哥，系列赛第一次出现悬殊比分。凯尔特人以 107 比 86 轻松击败公牛，这场大胜让“绿衫军”抢回了主场优势。第四场比赛又回归焦灼，双方激战两个加时赛，本·戈登连续奉献高难度“神仙球”，公牛将总比分扳成 2 比 2 平。

“天王山之战”，公牛一上来便气势如虹，取得两位数的领先。关键时刻，“真理”皮尔斯站了出来，他先是在常规时间单打罗斯将比赛拖入加时，随后又命中三个几乎一模一样的后撤步跳投，率领凯尔特人取得总比分 3 比 2 领先，拿到系列赛赛点。

2009 年 5 月 1 日，系列赛最惨烈的第六战在芝加哥联合中心球馆打响。双方激战三个加时赛，每当胜利的天平向一方倾斜时，另一方总有人能站出来扭转局势。

主场作战的公牛在比赛的大部分时间都保持着领先，手感滚烫的雷·阿伦末节连续命中高难度投篮，凯尔特人后来居上，但布拉德·米勒连得 5 分，将比赛拖进加时。

第一个加时赛，在最后时刻，萨尔蒙斯破坏了皮尔斯的制胜投篮。第二个加时赛，雷·阿伦奉献神奇表演，最后的 7.6 秒投进一记价值千金的扳平三分。第三个加时赛，罗斯用一记大盖帽扇飞了隆多的假动作后仰跳投，率领公牛以 128 比 127 险胜凯尔特人。双方总比分战成 3 比 3 平，系列赛被拖入“抢七大战”。

虽然没能赢下比赛，但雷·阿伦无疑是那个夜晚最闪耀的球星。他狂砍 51 分创下个人季后赛生涯最高分，单场命中 9 记三分，同样创下凯尔特人季后赛新高。

“抢七大战”依旧十分焦灼，罗斯和戈登联袂发挥，公牛以 27 比 23 领先结束首节。凯尔特人在第二节打出一波 22 比 2 的攻击波，彻底扭转了局势。半场结束后，凯尔特人已经取得了 52 比 38 的领先优势。下半场比赛开始后，公牛队发动反扑，比分差距不断被缩小。第三节结束时，凯尔特人以 78 比 72 领先 6 分。第四节，埃迪·豪斯成为“绿衫军”的英雄。这位板凳奇兵 5 投 5 中，砍下 10 分，为这轮荡气回肠的系列赛画上了句号。凯尔特人最终以 109 比 99 击败公牛，艰难地挺进东部半决赛。

此时缺少加内特的凯尔特人宛如一支轻骑兵，骑射如风、纵横驰骋，虽然凭借精准与老练能击败年轻的对手，但缺少重甲保护的他们遇到重装部队，劣势就显现出来。

东部半决赛，凯尔特人对阵“魔兽”德怀特·霍华德领衔的奥兰多魔术。前四场，双方 2 比 2 战平。

凯尔特人拿下第五场“天王山大战”后，本该一鼓作气结束战斗，但霍华德在第六场打出 23 分、22 个篮板的恐怖“两双”，顶替加内特首发的“大宝贝”格伦·戴维斯显然无法限制巅峰期的“魔兽”，系列赛被拖进第七场。

凯尔特人一贯善于抢七，然而这次在 TD 北岸花园球馆，“抢七必胜”的传统被无情打破。少了“KG”的防守，魔术队的三大球星——霍华德、拉沙德·刘易斯和希度·特科格鲁可以在“绿衫军”的内线为所欲为，雷·阿伦和皮尔斯双拳难敌众手。最终，凯尔特人以 82 比 101 惨败给魔术，黯然地结束了 2008/2009 赛季。

SBLI.com
CELTICS
34
ORLANDO
12
16

CELTICS
20
CELTICS
11
CELTICS
9
CELTICS
5
CELTICS
34

04

饮恨总决赛

Boston Celtics

加内特的长期伤停被认为是凯尔特人卫冕失利的最大原因。于是，2009 年休赛期，安吉在自由市场签下了 35 岁的拉希德·华莱士。“怒吼天尊”的加盟不仅让加内特获得更多的休息时间，他的进攻才华和总冠军经验也让球队上下欣喜不已。而与此同时，隆多正在成长进步，托尼·阿伦和格伦·戴维斯也羽翼渐丰。

2009/2010 赛季开始前，加内特伤愈归来，“三巨头”再一次满怀信心地向总冠军发起冲击。赛季初期，凯尔特人展现出了强大的竞争力，从主力到替补都发挥出色，仿佛找回当年夺冠的气势。

然而，随着赛季的进行，凯尔特人阵容老化的问题也凸显出来。“三巨头”的平均年龄已是 34 岁，失去了巅峰时期的活力和爆发力，凯尔特人也被骑士和魔术超越，在东部失去了前三强的席位。

常规赛结束时，凯尔特人只取得 50 场胜利，比前一个赛季足足少了 12 场，最终排名东部第四，这也意味着很可能在季后赛第二轮碰上联盟战绩第一的克利夫兰骑士。

2010 年季后赛，球队首轮对阵韦德领衔的迈阿密热火。尽管“闪电侠”打出场均 33.2 分、6.8 次助攻的超强表现，但凯尔特人还是在五场比赛内结束了战斗。

东部半决赛，凯尔特人碰到了骑士。2009/2010 赛季，骑士在詹姆斯的带领下以 61 胜 21 负的战绩笑傲全联盟。詹姆斯场均得到 29.7 分、7.3 个篮板、8.6 次助攻，蝉联了那个赛季的常规赛 MVP，可谓正值巅峰。

两军交锋，以正合，以奇胜！

当“三巨头”与詹姆斯缠斗不休时，他们身边的隆多成为主角。“绿衫军”输掉首战后，隆多在第二场送出 19 次助攻，凯尔特人客场将大比分扳平。

第三场失利后，隆多又在第四战轰下 29 分、18 个篮板、13 次助攻的“大号三双”。一个后卫抢下 18 个篮板，“隆中锋”绰号从此诞生。

此后，凯尔特人没有再给骑士机会，连赢两场，以总比分 4 比 2 击败骑士，挺进东部决赛。隆多在东部半决赛场均得到 20.7 分、6.3 个篮板、11.8 次助攻，是晋级的首功之臣。

对阵凯尔特人的第六战，也是詹姆斯在“前骑士时期”的最后一场比赛。他得到 27 分、19 个篮板、10 次助攻的“三双”数据。19 个篮板创詹姆斯个人季后赛篮板新高，但如此优异的表现依然无法战胜凯尔特人，詹姆斯心灰意冷，在那个夏天远走迈阿密。

2010 年东部决赛是一场复仇之战。面对前一个赛季击败自己的奥兰多魔术，凯尔特人延续了对阵骑士时的气势，连赢三场拿到赛点。此后，尽管魔术连续扳回两场，但在关键的第六战，皮尔斯豪取 31 分、13 个篮板，率领凯尔特人以 4 比 2 淘汰魔术，时隔一年重回总决赛的舞台，对手依然是洛杉矶湖人。

凯尔特人和湖人再度相遇总决赛，这是两支球队第 12 次巅峰对决。

两年前那场惨败后，科比甩下一句“第二名就意味着你是头号输家”。2009 年，湖人再度杀进总决赛，却没能等来最想复仇的凯尔特人。终于，休赛期引进防守悍将阿泰斯特后，湖人连续第三年打进总决赛，与卷土重来的“绿衫军”再次狭路相逢。

2010 年，总决赛的第一战在洛杉矶斯台普斯中心率先打响。“三巨头”中只有皮尔斯发挥正常，拿下 24 分、9 个篮板，加内特只抢到 2 个篮板，雷·阿伦只得 12 分，凯尔特人在第一战以 89 比 102 败下阵来。

第二战，雷·阿伦手感复苏，三分球 11 投 8 中，砍下 32 分，创造总决赛三分命中新纪录。此役，隆多贡献 19 分、12 个篮板、10 次助攻的“三双”数据，凯尔特人在客场以 103 比 94 扳回一局，带着 1 比 1 的大比分回到波士顿。

系列赛第三场，加内特砍下 25 分、6 个篮板，但雷·阿伦在对手的严密防守下，全

场 13 投 0 中。这场防守大战凯尔特人以 84 比 91 输给湖人。

接下来是凯尔特人的两个主场。尽管科比两场都拿到 30 分以上的分数，但“绿衫军”整体发挥更出色，以 96 比 89、92 比 86 的比分连下两城。总决赛前五场战罢，凯尔特人以 3 比 2 领先。其间，球迷们记住了皮尔斯和阿泰斯特的“激情拥吻”，记住了雷·阿伦半场命中创纪录的 7 记三分球，也记住了加内特在“天王山之战”上豪取 18 分、10 个篮板、5 个抢断、2 个盖帽，力挫“湖人双塔”的豪气冲天。凯尔特人以总比分 3 比 2 拿到赛点，带着绝对的心理优势前往洛杉矶。

总决赛第六战开始后不久，波士顿人主力中锋帕金斯在一次争抢篮板中扭伤了膝盖，此后缺席了余下的比赛。“三巨头”和隆多总共才得到 54 分，其他球员的得分加在一起才 13 分，遭遇得分荒的凯尔特人以 67 比 89 惨败于湖人。此役的 67 分，创下了凯尔特人队史总决赛最低得分。

“抢七大战”前，巴克利公开表示：“凯尔特人从来没输过总决赛的第七场，这一次他们仍然不会输。”比赛的走势似乎也印证了“大嘴”的预言，凯尔特人在比赛的大部分时间都占据主动，第三节中段一度领先 13 分。

进入第四节，场上形势风云突变。保罗·加索尔开始爆发。没有了帕金斯镇守内线，这位西班牙大前锋予取予求，最终抢下 18 个篮板，其中 9 个是前场篮板。而阿泰斯特也得到 20 分，并命中关键的三分球。最终，湖人以 83 比 79 击败凯尔特人。

整场比赛，科比 24 投 6 中，仅得 23 分，但他有队友强力的支援。反观凯尔特人，失去主力中锋帕金斯后，孱弱的内线与老迈的年龄弱点被无限放大，最终成为失败的原点。

凯尔特人 48 年来第一次在“抢七大战”中输给湖人。看着老对手捧起队史第 16 座总冠军金杯，“三巨头”的目光中充满了遗憾与不甘。

SERIES
NBA
CELTICS
CELTICS

GARDEN
34
PIER
39

第十一章
难觅王朝

01

新老“三巨头”的碰撞

Boston Celtics

2010年夏天或许是NBA历史上最震撼人心的休赛期，詹姆斯宣布“把天赋带去南海岸”，与同为“2003白金一代”的克里斯·波什、德怀恩·韦德组成新“三巨头”。从那一刻起，联盟格局发生了翻天覆地的变化。

拉希德·华莱士打完总决赛宣布退役后，凯尔特人在自由市场上签约奥尼尔，召回德隆蒂·韦斯特，补强了球队的二号位和五号位。“三巨头”之外，隆多已经成为公认的“第四巨头”。为了弥补托尼·阿伦离开留下的空缺，安吉又在选秀大会上选中了以防守见长的埃弗里·布拉德利，后者成为凯尔特人轮换阵容中的重要一员。

2010/2011赛季，凯尔特人在赛季前半程的表现十分抢眼。在2010年12月更是豪取赛季最长的14连胜战绩，稳坐在东部第一的宝座。

然而转到2011年，凯尔特人开始遭遇大面积的伤病困扰，奥尼尔在他的退役赛季场均只能打20多分钟，韦斯特左手腕受伤缺席了23场。加内特右小腿受伤，缺席了将近一个月。交易截止日前，安吉又完成了一笔“自残式”的交易，将养伤中的帕金斯交易到雷霆，换来杰夫·格林，此举间接葬送了凯尔特人争取第18冠的机会。

2011年季后赛开打前，里弗斯让老将们战略性轮休，凯尔特人最终以56胜26负的战绩排在东部第三。首轮，“绿衫军”兵不血刃地以4比0横扫卡梅隆·安东尼和阿玛雷·斯塔德迈尔领衔的纽约尼克斯，率先晋级东部半决赛。

半决赛，凯尔特人对阵热火，皮尔斯、加内特、雷·阿伦和詹姆斯、韦德、波什对阵。新老“三巨头”的正面碰撞，真是一场宿命复仇与王权更迭的史诗交锋。

前两场，凯尔特人在迈阿密没有拿下一场胜利。

第三战，隆多左肘重伤，上演“独臂英雄救主”的神迹，为球队赢得一线生机。但在新“三巨头”的强力冲击下，老迈的“绿衫军”完全招架不住。被寄予厚望的奥尼尔整个系列赛只打了12分钟，毫无建树。总比分1比4，凯尔特人被热火淘汰出局。

当天赋满满、正值巅峰的“迈阿密三巨头”从身边呼啸而过时，皮尔斯、加内特和雷·阿伦意识到，属于他们的时代已经结束了。

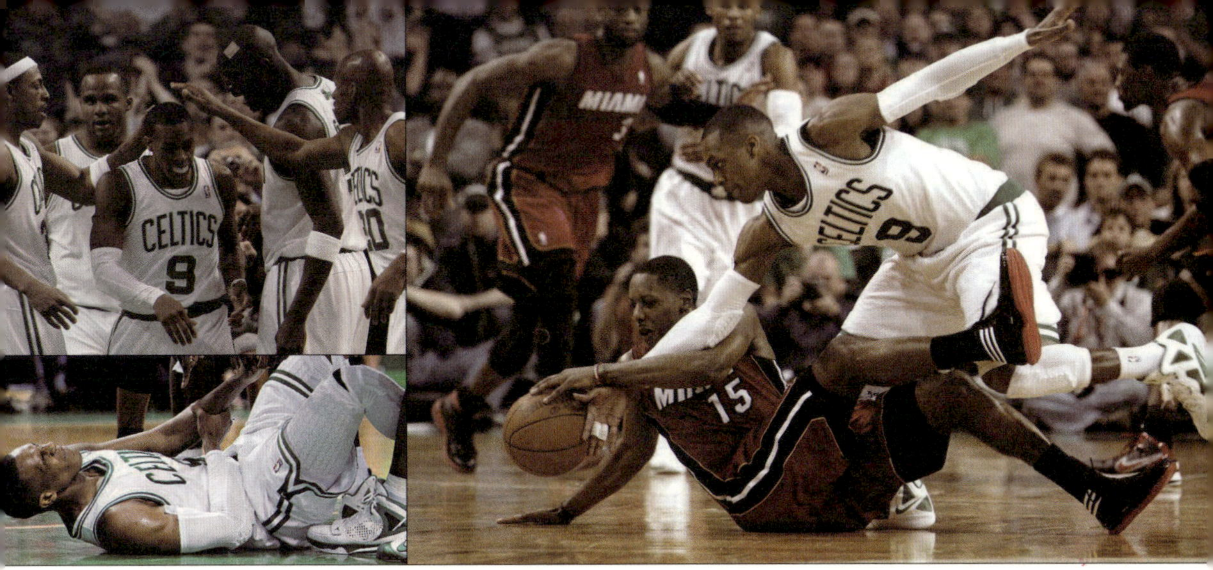

2011 年夏天，旧的劳资协议到期，新的劳资协议迟迟无法达成一致。在经历了 20 多轮谈判、损失了 240 场常规赛后，比赛直到 2011 年的圣诞节才姗姗来迟。不可避免地，凯尔特人又老了一岁。雷·阿伦已经过完了 36 岁生日，加内特 35 岁，“三巨头”中年龄最小的皮尔斯也已经 34 岁了。

2011/2012 赛季开始后，“三巨头解散”的传言就一刻没有停息。凯尔特人似乎正在经历一个盛极而衰的过程，主力前锋杰夫·格林因心脏问题赛季报销，小奥尼尔和皮尔斯赛季初期也被伤病困扰。这个已经步入暮年的球队开局遭遇三连败，此后的两波五连败让“绿衫军”颜面尽失。在全明星周末到来时，凯尔特人的战绩仅仅只有 15 胜 17 负，一度跌出东部前八，外界都觉得“三巨头”迎来谢幕的时刻就要到来。

然而，伤病反倒给了凯尔特人调整的机会，小奥尼尔由于手腕手术赛季报销，里弗斯将加内特移到了中锋位置，布兰登·巴斯得到了更多的出场时间。由于隆多和雷·阿伦长期缺阵，给了一号位、二号位都能胜任的布拉德利更多的机会，这个二年级生帮助“绿衫军”重新找回了昔日冠军级的防守。出乎很多人的预料，全明星周末之后的 34 场比赛，凯尔特人赢下了其中的 24 场，并以东部第四的战绩挺进季后赛。

季后赛，凯尔特人首轮对阵以约什·史密斯为核心的亚特兰大老鹰。皮尔斯和加内特联袂发挥，带领球队以 4 比 2 晋级。加内特 6 场比赛场均得到 18.7 分、10.5 个篮板，皮尔斯场均贡献全队最高的 21.2 分。东部半决赛的对手是安德烈·伊戈达拉领衔的费城 76 人，这支“青年军”首轮淘汰公牛上演“黑八传奇”。系列赛前两战双方各赢一场，分差都是 1 分。第三场，凯尔特人的防守让 76 人在第二节和第三节一共只得 33 分，凯尔特人以大比分 2 比 1 胜出。第四场，凯尔特人痛失好局，最多时曾领先 18 分，最后却被 76 人逆转。“天王山之战”，布兰登·巴斯成为奇兵，他在第三节砍下 18 分，帮助球队大胜 76 人。

系列赛第六场，在“答案”艾弗森的助威下，76 人打出极为出色的防守大战，凯尔

特人全场只得 75 分，这对季后赛宿敌不得不第七次通过“抢七决胜”。“抢七大战”依旧非常惨烈，皮尔斯在第四节六犯离场，凯尔特人凭借隆多的“三双”以及末节的关键三分掀起的攻击波，85 比 75 击败 76 人，以总比分 4 比 3 晋级东部决赛。

东部决赛又是对阵热火，凯尔特人在迈阿密输掉了系列赛前两场，形势岌岌可危。就当人们以为“绿衫军”又要被横扫出局时，这帮“老家伙”却吹响了反击的号角。“绿衫军”接下来连赢三场，包括在客场进行的“天王山之战”。凯尔特人拿到了系列赛赛点，距离总决赛之旅仅有一步之遥。加内特返老还童般的表现让人震撼，即便是被冲撞倒地，他也霸气地连做 8 个俯卧撑。整个东部决赛，他场均获得 19.1 分、9.4 个篮板，只可惜接下来热火连扳两场，终结了“绿衫老男孩”的奇迹旅程。

2012 年 6 月 7 日，东部决赛第六场回到波士顿，凯尔特人有机会赢下热火，甚至打散“迈阿密三巨头”。然而“绿衫军”的强悍逼出最强模式的詹姆斯，后者化身“杀神”并露出“死亡之瞳”，砍下 45 分、15 个篮板，率领热火客场以 98 比 79 大胜凯尔特人。

2012 年 6 月 10 日，“抢七大战”回到迈阿密，凯尔特人在前三节半都处于领先地位。生死关头，詹姆斯再次站出来扭转战局。尽管隆多得到了 22 分、10 个篮板、14 次助攻的“三双”数据，可惜“凯尔特人三巨头”全都不在状态，他们以 88 比 101 输掉抢七大战。这也是“绿衫三巨头”并肩作战的最后一战。

热火在随后的总决赛中以 4 比 1 轻取俄克拉荷马雷霆，詹姆斯拿到职业生涯第一冠。

2015 年，詹姆斯曾提到 2012 年东部决赛第六战是压力最大的一场比赛，他说：“如果那场输了，帕特·莱利很可能解散‘热火三巨头’，而我职业生涯的传奇性将大打折扣。”

现实就是这样残酷，那一战，詹姆斯赢了，也间接摧毁了曾经强盛一时的“凯尔特人王朝”。从此，“波士顿三巨头”进入解组的倒计时。

MICCOSUKEE.COM
MICCOSUKEE.COM
BATTIER
31
CELTICS
34
OFFENSIVE
85 CELTICS
OFFENSIVE STATS
Budweiser

02

“三巨头”解体

Boston Celtics

2012年夏天，尽管总经理安吉倾向于保留完整的“三巨头”阵容，并且为37岁的雷·阿伦开出了两年1200万美元的合同，但雷·阿伦还是决定以自由球员签约热火，前往迈阿密寻找下一个总冠军。并肩作战五年的“凯尔特人三巨头”宣告解体。

一向争强好胜的安吉想在加内特和皮尔斯退役前做最后一搏。他在自由市场开启后不久就签下了贾森·特里，以求填补雷·阿伦出走留下的空缺。此后，贾森·科林斯、达科·米利西奇和莱昂德罗·巴博萨相继来投。在那年选秀大会上，凯尔特人签下三名球员，其中包括后来受到重用的贾里德·萨林杰。

2012/2013赛季揭幕战，凯尔特人客场挑战上届冠军热火。当雷·阿伦欲与凯文·加内特打招呼时，加内特面无表情、冷面相对，昔日并肩战斗的兄弟已形同陌路。

隆多在该赛季中期遭遇前交叉十字韧带撕裂，给凯尔特人蒙上了阴影。由于波士顿的“马拉松爆炸案”，凯尔特人主场与步行者的比赛被取消。那个赛季，凯尔特人只打了81场常规赛，取得了41胜40负的战绩，排在东部第七。

2013年季后赛的对手是新科得分王安东尼领衔的纽约尼克斯，凯尔特人系列赛前三场难求一胜。在危难之时，皮尔斯、杰夫·格林和特里发力拿下两连胜。第六场，凯尔特人在末节完成了20比0的进攻高潮，将分差缩小至6分。最后时刻，安东尼接管了比赛。凯尔特人最终以2比4不敌尼克斯，结束了季后赛之旅。

热火与马刺的总决赛刚刚落幕，丹尼·安吉就以迅雷不及掩耳之势开启了重建之路。凯尔特人先是完成了一笔震惊联盟的交易：他们将功勋主帅里弗斯交易到快船，换来了一个首轮签。这波操作让“绿衫军”省去了支付里弗斯剩余三年合同的高昂薪水。

2013年6月28日选秀之夜，安吉再放大招：他将加内特、皮尔斯和特里送至布鲁克林篮网，换回了克里斯·亨弗里斯、杰拉德·华莱士、雷吉·埃文斯、基斯·博甘斯以及底薪球员克里斯·约瑟夫，同时得到了2014年、2016年和2018年的首轮选秀权，此外还有2017年首轮选秀签的互换权。

安吉将皮尔斯和加内特都送离波士顿，这是令人难以接受的现实。但现实总是如此

残酷，情分终究还是不敌生意，不知道那一刻加内特的感受如何。彼时，加内特已经 38 岁，职业生涯所剩无几。他 6 年前驾临波士顿的冲天豪情早已不在，只剩下满脸疲惫。

凯尔特人球迷哀叹："我可以理解他们送走加内特，但为什么连皮尔斯他们也不放过？"皮尔斯自 1998 年出道以来，在波士顿一待就是 15 年，谁也没想到这种队魂级的英雄会在职业生涯末期被处理掉。他陪着凯尔特人从最初的低谷沉沦，熬到了"双子星"的短暂闪光，坚守了 9 年，才终于等来加内特和雷・阿伦，但快乐时光也不过短短几年。

皮尔斯把最好的青春都给了凯尔特人，但凯尔特人并未还他最好的未来。"一生一队"的坚守，是如此的可遇而不可求，所有人都期盼"真理"能在梦开始的地方圆满谢幕。

随着一系列交易，"凯尔特人三巨头"时代已完全谢幕。作为曾经的主帅，里弗斯深有感触："我知道这一切终会来临，这无疑是一个感伤的章节。"

2013 年 7 月 4 日，凯尔特人迎来了重建路上的重要人物。安吉给了巴特勒大学教练布拉德・史蒂文斯一份 6 年的合同，后者成为"绿衫军"历史上的第 17 任主教练。

2013/2014 赛季，昔日"三巨头"身边的小弟隆多被任命为队长。可惜赛季初期隆多因为伤病困扰并不能帮助球队，直到赛季中期他才复出。该赛季，隆多总共只打了 30 场比赛，场均得到 11.7 分、5.5 个篮板、9.8 次助攻，命中率是创职业生涯新低的 40.3%。常规赛结束时，凯尔特人只赢了 25 场比赛。自 2007 年"三巨头"组建以来，凯尔特人第一次无缘季后赛。

2014 年选秀大会，凯尔特人在首轮第 6 顺位选中了马库斯・斯马特，然后又在第 17 顺位摘得了詹姆斯・杨。自由市场开启后，安吉又签下了刚刚结束新秀合同，无

人问津的埃文·特纳。正是在史蒂文斯手下，特纳打出身价，并挽救了自己的职业生涯。

2014 年 12 月 19 日，痛下决心重建的凯尔特人将隆多交易到小牛换来布莱登·赖特、杰·克劳德、贾马尔·尼尔森和未来选秀权。

至此，2008 年夺冠阵容的最后一位成员离开凯尔特人。

7 年前，凯尔特人用一种激进的方式赌来了一座奥布莱恩奖杯，7 年后，凯尔特人将当初一手打造的总冠军阵容里的最后一块牌推倒。凯尔特人一步步地拆掉自己组建的“波士顿王朝”，步步为营地为重建积攒足够的筹码和空间。

拥有联盟数一数二底蕴的“绿军”不会就此沉沦，就像他们在招揽“KG”、雷·阿伦之前所经历的阵痛一样，一切阴霾都会过去。但对许多“三巨头”球迷、一直追随凯尔特人的球迷而言，“绿军”的崛起之日已经不再重要，“三巨头”的离去必将带走一批人的心。

“三巨头”联手之时均已过了巅峰期，尽管只在组队第一年如愿捧杯，但相见恨晚，所幸了无遗憾。往事已然如烟。多年后，这些老兵又会身在何方？时代更迭，他们的传奇却已镌刻在了 NBA 的历史中……

人们依稀还记得，皮尔斯将一桶佳得乐饮料倒在里弗斯的身上，加内特跪着拍打 TD 北岸花园球馆地板中心的队标。那铁血澎湃的七年，NBA 最耀眼的一抹绿，终成回忆……

PIERCE
34

GARNETT

03

“地表最强 175”

Boston Celtics

在那个动荡不安的 2014/2015 赛季，凯尔特人一共做了 10 笔交易，人员流动多达 40 人。2015 年 2 月 20 日，凯尔特人从太阳换来以赛亚·托马斯。

以赛亚·托马斯，一位身高仅为 1.75 米的控球后卫，因为与历史上传奇控卫“微笑刺客”伊赛亚·托马斯姓名相同，所以大家也都习惯称呼他为“小托马斯”。

“绿军少帅”史蒂文斯对于小托马斯的加盟感到高兴：“以赛亚是一个很有天赋的球员，他可以突破篮下为自己和他人创造很多机会。”

小托马斯果然成为奇兵，帮助球队赢下 22 场比赛。凯尔特人以 40 胜 42 负排名东部第七，神奇地打进季后赛。2014/2015 赛季，克利夫兰迎回了曾经的“皇帝”詹姆斯，加上凯里·欧文和凯文·乐福，组成了全新的“三巨头”。

尽管史蒂文斯鼓励弟子们打出血性，但还是无法弥补实力上的巨大差距，凯尔特人惨遭骑士横扫。

2015/2016 赛季，凯尔特人继续在重建道路上稳步前进。在那年的选秀大会上，他们在首轮第 16 顺位挑中特里·罗齐尔。那个赛季，史蒂文斯决定给予小托马斯足够的信任与支持，小托马斯成为球队的先发控卫。

在史蒂文斯的战术体系里，小托

马斯在首个赛季开始展现出领袖风范，全勤出战82场比赛，场均拿到22.2分、6.2次助攻，职业生涯首次入选全明星。两位外线防守悍将布拉德利和克劳德很好地弥补了小托马斯在防守端的身高缺陷。27岁的特纳也找回了信心，场均贡献10.5分、4.4次助攻，成为最佳第六人的有力争夺者。

这支没有超级球星的“平民球队”在常规赛打出48胜34负的成绩，排在东部第五。其赛季代表作当属在甲骨文球馆终结了上届冠军金州勇士的主场58连胜纪录。

2016年季后赛，“绿衫军”首轮对阵老鹰。凯尔特人第一场就失去了防守核心布拉德利，带着0比2的大比分回到波士顿。第三场比赛，小托马斯成为“关键先生”，砍下职业生涯新高的42分，将总比分扳为1比2。两天后的第四战，凯尔特人有五人得分上双，以104比95取胜老鹰，总比分变为2比2平。“天王山之战”，凯尔特人攻防两端都不在状态。老鹰在主场下起“三分雨”，凯尔特人遭遇一场惨败。

第六场生死战，凯尔特人在主场一度落后28分，但他们还是顽强地将比分紧紧咬住。小托马斯忍着脚踝疼痛战斗到最后一刻才被换下，TD花园球馆顿时响起热烈的掌声。

连续两个赛季止步首轮，小托马斯在赛后的新闻发布会上强忍泪水：“这样的失利伤透了每个人的心，但明年我们会以更强大的姿态回归。”

2016年选秀大会，凯尔特人手握8个选秀权，包括3个首轮签和5个次轮签。安吉用“探花签”选中了杰伦·布朗，一位来自加州大学伯克利分校的优秀得分后卫。自由市场开启后，安吉用一份四年价值1.13亿美元的合同签下前全明星内线艾尔·霍福德。

凯尔特人在2016/2017赛季开局阶段并不顺利，开季前两周只取得3胜4负的战绩。随着霍福德伤愈复出，史蒂文斯的阵形和打法更加丰富，凯尔特人开始走上正轨。

有了霍福德的传球和挡拆，小托马斯从12月开始迎来大爆发，打出了职业生涯的最佳表现：25场比赛场均得到33.2分、2.8个篮板、6.5次助攻，包括对阵热火的那场惊世骇俗的52分表演。他率领球队取得19胜6负的战绩。

2017年2月5日，身披快船球衣的保罗·皮尔斯最后一次以球员身份回到他曾经的主场TD花园球馆。凯尔特人准备了皮尔斯的职业生涯回顾影片，全场球迷热烈欢呼。

皮尔斯在球赛开始前亲吻了球场地板上的凯尔特人队徽，而他只上场了5分17秒。但全场的比赛中，所有球迷都有节奏地呼唤着“Paul Pi-erce”。正当球赛尚余19.8秒、胜负已分之时，在强烈的召唤声中，皮尔斯再次上阵，并不负众望地发出最后一击——

投进一记三分球。比赛结束后，球迷仍兴奋地喊着他的名字，致敬他们曾经的传奇。

从 2016 年 12 月中旬起，小托马斯连续 43 场比赛得分超过 20 分，打破了由哈夫利切克保持的队史纪录。最终，凯尔特人以 53 胜 29 的战绩力压骑士，排名东部第一。

然而，就在季后赛揭幕前一天，小托马斯收到了妹妹意外去世的噩耗。大战来临之前，球队上下弥漫着悲伤的气氛。凯尔特人的首轮对手是芝加哥公牛，隆多直面旧主。

尽管小托马斯强忍悲痛坚持出战，但凯尔特人却输掉了系列赛前两个主场。当大家都以为公牛可以完成“黑八奇迹”的时候，“绿衫军”再一次展现了顽强坚韧的传统风格。他们接下来连赢 4 场，完成不可思议的逆转。

2017 年首轮系列赛结束，小托马斯出席了妹妹的葬礼。之后，他匆忙赶回波士顿准备与奇才的东部半决赛。半决赛首场，小托马斯开场不久就被小奥托·波特撞掉两颗门牙，但他还是砍下全场最高的 33 分，帮助球队赢得比赛。

第二场，恰逢刚刚去世的妹妹 23 岁生日夜。小托马斯化悲痛为力量，在这个特殊的夜晚彻底爆发，砍下职业生涯最高的 53 分，其中第四节和加时赛独得 29 分，率领球队以 129 比 119 击败奇才。凯尔特人以总比分 2 比 0 领先。

此后，双方战成 3 比 3 平。“抢七大战”，小托马斯再次成为 TD 花园球馆最闪耀的球星。他用 29 分、12 次助攻的表现结束了那轮系列赛，凯尔特人与骑士会师东部决赛。

东部决赛首战，凯尔特人全场被动，最后输了 13 分。第二场还是主场作战，小托马斯臀伤加重而中途退赛，凯尔特人狂输 44 分，创下了多项耻辱性纪录。在小托马斯赛季报销后，凯尔特人依靠布拉德利的三分绝杀赢下了第三场。但是，由于实力上的差距，凯尔特人最终以总比分 1 比 4 不敌骑士，止步东部决赛。

虽然凯尔特人最终无缘总决赛，但 2016/2017 赛季的小托马斯还是打出了令人叹为观止的高光表现，刷新了世人对 1.80 米以下球员的全部想象。他成为艾弗森之后，联盟火力最强的矮个子得分手。

2016/2017 赛季，小托马斯曾经连续 25 场比赛得分达到 20 分以上，连续两场爆砍 40 分以上，并首度荣膺月最佳球员……在他的带领下，凯尔特人加冕常规赛东部冠军。

在季后赛第二轮面对奇才的第二场比赛中，小托马斯爆砍53分，刷新职业生涯纪录。整个赛季，他场均得到28.9分、5.9次助攻，成功入选最佳阵容二队。

如此出色的表现，为小托马斯赢得了“地表最强175”的称号，也让他跻身凯尔特人现象级球员之列。他似乎看到了自己即将在TD花园球馆赢得一席之地，并渴望同上升期的“绿衫军”一起实现王朝中兴的伟业。

只可惜，丹尼·安吉让他的幻想化为泡影，接下来的惊天交易，让小托马斯被迫去了克利夫兰，摇身变成勒布朗·詹姆斯的“御前侍卫”。他愤怒且失望，但凌厉如“刺客”的小托马斯并不因此气馁和彷徨。

他说：“从今天起，我的任务是摧毁凯尔特人。”没错，像29年前另一个托马斯做到的那样。小托马斯也将尝试这个艰难的挑战，以“刺客”的名义。

BOSTON BRUINS
STANLEY CUP CHAMPIONS 1929
TD GARDEN
DIVISION CHAMPIONS
BOSTON
CLIPPERS
23
20
2
Putnam
Putnam
TISSOT

第十二章
绿衫复兴

波士顿凯尔特人传

01

新军崛起

Boston Celtics

2017年休赛期，凯尔特人率先拉开了交易大幕。安吉把手中的“状元签”交易到76人，换来了“探花签”与一个未来受保护的首轮选秀权。随后，他在选秀大会上用“探花签”选中了杰森·塔图姆。这波操作让人想起1980年“红衣主教”用“状元签”换来帕里什和麦克海尔的神来之笔。然而，这仅是一个开始。

2017年7月5日，戈登·海沃德宣布加盟凯尔特人，与大学时期的恩师史蒂文斯聚首。为了腾出签约空间，安吉送走了防守核心布拉德利，裁掉乔丹·米基。

在那个迎来送往的夏天，“真理”皮尔斯在经过了1467天的漂泊之后，再次披上了那件魂牵梦绕的绿色战袍。凯尔特人这样做的目的只有一个：让皮尔斯能够以“绿衫军”球员的身份退役。

这还没完，小托马斯、海沃德与霍福德组成的新“三巨头”还没等到亮相，老谋深算的安吉便做出了震惊联盟的操作。他用小托马斯、克劳德、安特·日日奇加选秀权从骑士换来了凯里·欧文，两支上赛季东部决赛的老对手竟然互换了当家控卫。

2017/2018赛季揭幕战，凯尔特人造访克利夫兰，原本关注的焦点是欧文迎战旧主，没想到开场仅仅5分15秒，刚刚签下4年1.28亿合同的海沃德就在一次空接球中严重受伤。事后的检查结果是左脚踝脱臼及胫骨骨折，其赛季报销。海沃德的重伤给“绿衫军”的前景蒙上了一层阴影，这注定是一个充满苦涩和遗憾的赛季。

揭幕战输给骑士后，凯尔特人又在主场输给了雄鹿，开局就遭遇两连败。不过，史蒂文斯为欧文量身打造的新体系随着时间的推移看到了效果。凯尔特人就此开启了一波16连胜。在这段队史第四长连胜期间，凯尔特人的防守效率和场均失分均为联盟第一，

其中 8 次末节逆转更是将“绿衫军”顽强拼搏的传统体现得淋漓尽致。

在海沃德缺阵、霍福德受伤的逆境下，欧文率领波士顿打出了“绿军”历史第二长的 16 连胜，仅次于加内特、皮尔斯、雷·阿伦时期创造的 19 连胜。欧文彻底征服了一切，他让凯尔特人以 24 胜 6 负的战绩稳坐东部榜首。

2018 年 2 月 12 日，凯尔特人主场对阵骑士。赛后，凯尔特人为保罗·皮尔斯举办了球衣退役仪式，皮尔斯的 34 号成为“绿衫军”队史第 22 个退役号码。

坚守波士顿 15 年，皮尔斯用他的忠诚与坚韧，为这支凯尔特人带来了极致荣耀，也留下一连串闪光的纪录：出场 1102 场比赛，总得分 24021 分，总篮板 6651 个，总助攻 4305 次。皮尔斯将他最好的青春年华奉献给了凯尔特人。

如今，皮尔斯的球衣永远挂在 TD 花园球馆，那是一座用热血浇铸的篮球丰碑。

2018 年新年过后，凯尔特人再次遭遇伤病潮：1 月底，斯马特拇指受伤无限期休战；

HORFORD
42
JAMES
23

3 月中旬，杰伦·布朗遭遇脑震荡归期未定；3 月初，欧文接受左膝手术，至少缺席 4 到 5 个月。缺少了“王牌”，对于本来就缺兵少将的凯尔特人来说，无疑是致命的打击。

2017/2018 赛季常规赛最后阶段，排名东部第二的凯尔特人成为后半区人人想捏的“软柿子”。奇才、雄鹿和热火甚至为了抢占第七名的位置争先输球。雄鹿在收官战惨败 76 人后，如愿以偿地获得了首轮挑战凯尔特人的机会。

接下来，就像歌词里写的那样，“冷漠的人，谢谢你们曾经看轻我”。史蒂文斯带着这支伤兵满营的“绿衫军”经过七场大战将雄鹿淘汰出局，震惊全联盟。

他们既能打出极致的团队篮球，也在需要的时候可以仰仗个人发挥。这轮系列赛前六场，凯尔特人 5 人场均上双。罗齐尔让人看到欧文的影子，杰伦·布朗与“字母哥”硬碰硬让人印象深刻，塔图姆的少年老成令人忘记了他还只是个菜鸟。

东部半决赛，凯尔特人遭遇天赋爆表的 76 人。21 位 ESPN 专家对这轮系列赛展开预测，只有 3 人认为凯尔特人能晋级。结果，凯尔特人仅用 5 场比赛，就将 76 人淘汰出局。

2018 年东部决赛，凯尔特人又是面对詹姆斯率领的骑士。詹姆斯以一己之力率领骑士登上东部之巅，而给他们最大阻击的便是没有欧文与海沃德的这支“绿衫军”。

东部决赛前四场，双方各自守住主场优势，大比分 2 比 2。“天王山之战”回到 TD 花园球馆，凯尔特人有 5 人得分上双，以 96 比 83 战胜骑士，率先拿到赛点。此时距离他们重回总决赛只剩下一场胜利。

然而，詹姆斯又一次展现了联盟第一人的实力。他在第六场狂砍 46 分，将系列赛拖进“抢七”。“抢七大战”依然是一场属于詹姆斯的比赛，33 岁的“皇帝”打满 48 分钟，砍下 35 分、15 个篮板和 9 次助攻。凯尔特人主场 10 连胜被终结，再一次无缘总决赛。

虽然遗憾落败，但以杰森·塔图姆、马库斯·斯马特、杰伦·布朗等年轻球员为主力班底的“绿衫军”，在 2018 年季后赛的表现颇为惊艳。他们先后淘汰了“字母哥”领衔的雄鹿，以及乔尔·恩比德与本·西蒙斯挂帅的 76 人。

凯尔特人涌现出一批青年才俊，其中最为出色的是塔图姆。塔图姆在场上来去自如，淡定从容，球迷们惊叹于刚刚年满 20 岁的他能够在三轮系列赛中稳如磐石。

许多早已成名的球员，面对詹姆斯依旧摆脱不了“恐詹”的本色。而塔图姆首次站上季后赛，即使在“抢七”生死局，也能飞身隔扣，颜射三分，拼到六犯离场，仍充满斗志。

作为一年级新秀，塔图姆在2018年季后赛的总得分达到351分，成为NBA历史上单赛季季后赛总得分第二多的新秀，第一位是贾巴尔的352分。

凯尔特人“少帅”史蒂文斯在2018年季后赛之旅中显示出非凡的执教才华，这位年轻的儒帅善于激发球员的潜能。即使伤了一整套首发，凯尔特人也可以靠防守、纪律和血气，以及灵活战术（高位策应、边线递手传球、错位背打、三分球远射等）来克敌制胜。史蒂文斯将球队的年轻人捏合在一起，一干“绿衫少侠们”为联盟带来了清新之风。

2018年休赛期，凯尔特人没有像过去两个夏天那样有大手笔运作。他们只是完成了斯马特和阿隆·贝恩斯的续约，同时在选秀大会上选中了新秀罗伯特·威廉姆斯，除此之外没有任何引援。不过，对于凯尔特人而言，他们最大的补强是迎回了健康的欧文和海沃德。随着詹姆斯“西游”加盟洛杉矶湖人，“绿衫军”很有希望成为东部新王。

然而，当2018/2019赛季开打时，这支被认为总冠军有力争夺者的球队却陷入挣扎。开季20场比赛，凯尔特人仅仅取得10胜10负的战绩，排在东部第七。

欧文与海沃德两位核心球员的归来，似乎打破了凯尔特人在上赛季后半段建立起来的化学反应。海沃德远未恢复到最佳状态，欧文还在学着如何做一个领袖。凯尔特人其他球员需要重新适应战术和位置，导致其该赛季数据下滑。

为了让球队重新走上正轨，史蒂文斯不惜把爱徒海沃德放到替补席，把斯马特提上首发，让球权的分配更加合理，并大大强化了防守。史蒂文斯的调整让迷失的“绿衫军”找到了方向。进入2018年12月之后，凯尔特人以一波八连胜回到了东部排名前列。

2019年的1月，凯尔特人取得了11胜4负的战绩，仅仅逊色于雄鹿，场均得分超过113.4分。

全明星周末之后，凯尔特人又陷入了一段低迷期。他们连续输给了雄鹿、公牛、猛龙和开拓者，主场击败奇才得以避免五连败。3月6日，凯尔特人在甲骨文球馆打出了赛季最佳表现，海沃德替补出场砍下全场最高30分，欧文得到19分、11次助攻，全队5人得分上双。凯尔特人以128比95大胜勇士，送给上届冠军近5年主场遭遇最惨一战。

2018/2019赛季常规赛进入收官阶段时，凯尔特人当时排在雄鹿、猛龙和76人之后，位列东部第四。尽管“绿衫军”在赛季里经历了太多的动荡，但他们的整体实力仍然很强劲。当季后赛打响时，凯尔特人仍然是一支不可忽视的力量。

02 折戟沉沙

随着收官战客场逆转奇才，凯尔特人在 2018/2019 赛季常规赛的战绩定格在 49 胜 33 负，排名东部第四。季后赛首轮，他们的对手是步行者，后者是过去几个赛季不折不扣的黑马球队。尽管其当家球星维克托·奥拉迪波在 2019 年 1 月末遭遇严重膝伤而赛季报销，但他们仍然顽强地守住了东部第五的位置。

2019 年季后赛揭幕战，凯尔特人展现了他们一贯的铁血防守。全场比赛充斥着肌肉对抗，步行者在第三节仅仅得到 8 分，最终比分为 84 比 74，就连比分也十分“复古”，凯尔特人取得第一场的胜利。

第二场，凯尔特人延续了出色的防守表现。欧文砍下全场最高的 37 分，三分线外更是有着 10 投 6 中的高效表现。凯尔特人以大比分 2 比 0 领先。

之后，球队转战印第安纳，凯尔特人在第三场再次将对手的得分压制在 100 分以内。欧文展现出领袖风范，比赛以 104 比 96 结束，凯尔特人成为季后赛首轮第一支拿到赛点的球队。

两天后，背水一战的步行者依旧没能在主场球迷面前取得一场胜利。凭借七人上双的表现，凯尔特人完成了对步行者的横扫。

他们下一轮的对手是密尔沃基雄鹿，两支球队在前一个赛季曾鏖战七场，杀得天昏地暗。仅仅一年的时间，凭借“字母哥”扬尼斯·阿德托昆博在攻防两端惊人的统治力，这支昔日的手下败将如今已经蜕变成常规赛联盟第一，以及夺冠大热门。

面对如此的雄鹿，凯尔特人的缺陷被无情地暴露。

2019 年，东部半决赛第一场出乎所有人的预料，凯尔特人给雄鹿好好“上了一课”。112 比 90，雄鹿在家门口遭遇一场 22 分惨败。欧文在与“字母哥”的季后赛首次交锋中取得完胜，拿下 26 分、7 个篮板、11 次助攻。这场比赛过后，“绿军”名宿皮尔斯放出豪言：“这轮系列赛已经结束，雄鹿没有任何机会。”

然而，退役后的皮尔斯已然不是当年叱咤赛场的“真理”，他的豪言壮语很快就被现实打了脸，“字母哥”率领雄鹿发起锐利的反击。

2019 年 5 月 1 日第二场比赛，雄鹿开始变阵。他们增加高度，压制凯尔特人的小个阵容。此外，他们还疯狂夹击欧文，令其仅有 9 分入账。波士顿锋线上原本囤积着天赋无限的一干年轻球员，而如今却过分依赖欧文的手感，这种“球星单挑模式”让凯尔特人的缺点暴露无遗。最终，他们在客场以 102 比 123 输给雄鹿。

第三战，凯尔特人在主场以 116 比 123 再次败给雄鹿，总比分 1 比 2 落后。连输两场的凯尔特人急于反击，第四场却败给自己。战到第三节，在雄鹿双核心“字母哥”与克里斯・米德尔顿双双四次犯规下场之际，凯尔特人反倒被拉开分差，再输一场。

总比分 1 比 3 落后，凯尔特人大势已去。2019 年 5 月 9 日，“绿衫军”在第五场以 91 比 116 不敌雄鹿。

从 2019 年 5 月 1 日到 5 月 9 日，“字母哥”场均砍下 30 分、14 个篮板和 6 次助攻，率领雄鹿连赢 4 场，以总比分 4 比 1 淘汰凯尔特人，时隔 18 年重回东部决赛。

凯尔特人则创造了 NBA 历史上一项尴尬的数据纪录，成为第一支在季后赛赢下第一场后，连输 4 场，从而失去晋级资格的球队。

这是个让拥有 17 冠辉煌历史的“绿衫军”似乎无法承受的耻辱。凯尔特人名宿皮尔斯将矛头指向了欧文，直言他的糟糕表现成为凯尔特人惨败的主因。而欧文在最后四

场比赛中命中率不足 37%，看起来的确是难辞其咎。

凯尔特人单调的战术与年轻球员的各自为战，令其溃不成军。全世界都知道欧文的单打是他们唯一的王牌，这与一年前那支火力全开的“绿衫军”形成鲜明对比。

从 2018/2019 赛季初期的夺冠热门到东部半决赛溃败出局，凯尔特人这个如同过山车般的动荡赛季画上了句号。等待他们的，注定是一个不平静的夏天。

03

重塑王师

Boston Celtics

2019 年 6 月中旬，当多伦多猛龙正一步一个脚印接近队史第一座总冠军奖杯时，关于凯尔特人的一条新闻占据了媒体头条：欧文决定不执行下赛季的球员选项，将成为完全自由球员。这意味着他能够与任意一支有足够薪资空间的球队签约。

东部半决赛的溃败后，欧文的低迷表现让外界再一次质疑。在他宣布成为自由球员后，这个决定就像第一块多米诺骨牌，随后产生一系列连锁反应。

2019 年 6 月 16 日，安东尼·戴维斯被交易到湖人的消息传来。随之而来的是，波士顿凯尔特人的一场“海啸”。6 月 17 日，霍福德跳出最后一年价值 3012 万美元的合同成为自由球员。紧接着，安吉又把贝恩斯和一个 24 号签送去了太阳。短短几天时间，

凯尔特人连失两大内线支柱。

眼看欧文离开波士顿已成板上钉钉的事情，安吉不得不着手寻找他的替代者——“蜂王”肯巴·沃克适时地出现了。

自由球员市场正式开启后，欧文不出意外地与家乡球队篮网签约。之后，霍福德从费城76人那里拿到了一份4年1.09亿美元的大合同。才两年时间，安吉一手打造的新“三巨头”组合，只剩下重伤归来还没找回状态的海沃德。为了完成沃克的签约，培养了四个赛季的罗齐尔被送到了黄蜂。因此，安吉找来实力派悍将伊内斯·坎特填补了“绿军”内线的人员短缺问题，后者穿上了欧文留下的11号球衣。

休赛期经历如此大的人员变动，外界对凯尔特人的前景普遍不太看好，当新赛季真正打响后，人们才发现眼前这支面貌全新的“绿衫军”绝非等闲之辈。肯巴·沃克在波士顿找到了最适合自己的打球方式，他在进攻端极其高效，并能有效地串联全队。尽管他的出手数和场均得分都下降了，但并没有影响其入选全明星首发阵容。

更为重要的是，沃克低调而内敛的性格赢得队友的信任。队内两大新星塔图姆和杰伦·布朗在这个赛季野蛮生长。塔图姆在职业生涯第三年场均可以砍下23.6分，三分命中率39.8%，首次入选全明星阵容。杰伦·布朗场均得分也超过20分，在持续高效火力的同时，他的积极防守也感染着全队，完全配得上4年1.15亿美元的大合同。

除此之外，凯尔特人还有一个惊喜，那就是海沃德。作为昔日的“三巨头”之一，海沃德在波士顿遭遇了职业生涯最大的滑铁卢。在经历了两年的蛰伏后，这位曾经的全明星球员重回首发阵容，场均贡献17.3分、6.5个篮板和4.1次助攻，投篮命中率更是达到了职业生涯最高的50.2%。此外，作为这支球队里资历最深的球员，海沃德的比赛经验对于这支年轻的凯尔特人来说弥足珍贵。

2019/2020赛季，凯尔特人取得长足的进步还体现在其面对强敌，能战而胜之。这得益于球队整体攻防能力的提升，以及关键时刻不再“手软”。在这个赛季，塔图姆已经成长为超级巨星，尤其体现在决胜一刻的强力表现。

2020年2月14日，凯尔特人主场迎战快船。最终，通过两个加时的鏖战，球队以141比133力克对手。塔图姆23投14中，砍下39分，成为球队获胜的头号功臣。

2020 年 2 月 24 日，凯尔特人坐客斯台普斯中心挑战湖人，“黄绿大战”本来就意义非凡。而且，比赛第二天，斯台普斯中心将举办科比和其女儿吉安娜的追悼会，所以此战倍受关注。

作为“曼巴传人”的塔图姆打出了一场“科比式”的比赛，以示祭奠。他全场 20 投 12 中，三分球 7 投 4 中，罚球 15 罚 13 中，得到职业生涯最高的 41 分。

皮尔斯这样评价如今这支凯尔特人：“这是一支最具有威胁的球队，并不因为这是我的母队。看看他们的球员名单，杰森·塔图姆在停摆之前就已经像一个超级巨星那样打球了。因此，凯尔特人拥有全联盟最好的五名首发球员。”

2020 年 3 月 13 日，NBA 因新冠肺炎疫情而停摆。在停摆前的 64 场比赛里，凯尔特人取得了 43 胜 21 负的战绩，高居东部第三，连续 6 年打进季后赛。他们的进攻效率为 112.3，排名联盟第五；防守效率为 106.2，排名联盟第四。

攻防俱佳的凯尔特人是任何对手都不容忽视的一股力量，他们有充足的底气在重新开赛后异军突起，向队史第 18 座奥布莱恩杯发起冲击。

04

绿衫风骨

Boston Celtics

一波震古烁今的八连冠，呈现出一个伟大王朝的终极形态。

那些披着碧绿战衣的球星曾主宰联盟的沉浮，从鲍勃·库西、比尔·拉塞尔到约翰·哈夫利切克、拉里·伯德，再到凯尔特人“三巨头”。强悍、铁血、坚韧、霸道，似乎成为“绿衫军”一脉相承的风骨，让他们变得不可战胜。

在波士顿凯尔特人的主场 TD 花园球馆，“胜利雪茄”的烟雾依然袅袅缭绕，高悬球馆的 17 面总冠军旗帜依旧猎猎生辉。作为雄极一时的 NBA 霸主，凯尔特人的“王朝血脉”始终没有断代。那份无与伦比的至尊荣耀赋予凯尔特人强烈的使命感，王朝复兴的那一日也许并不久远……

32
50
NBA

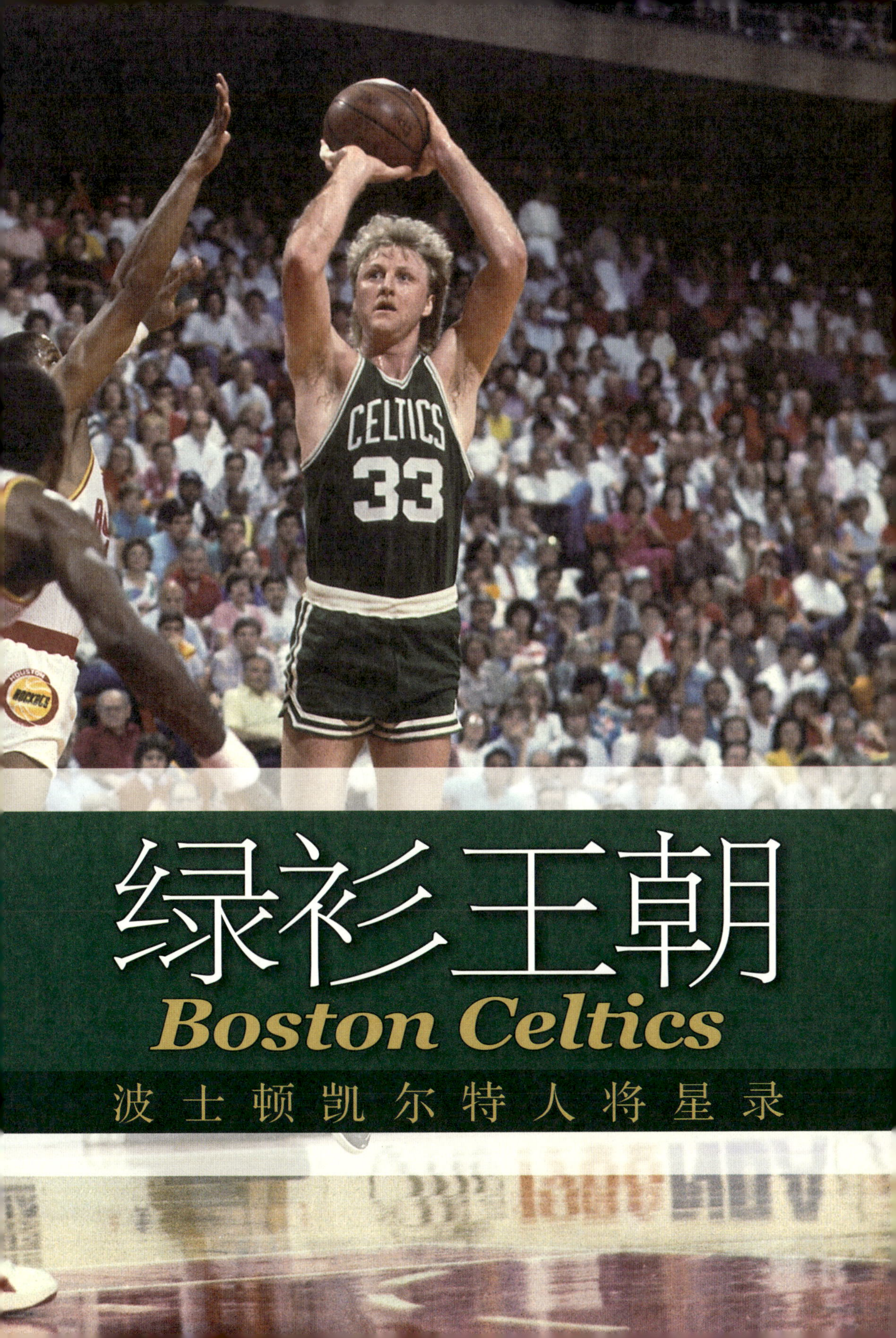

绿衫王朝

Boston Celtics

波 士 顿 凯 尔 特 人 将 星 录

01

控卫始祖 / 鲍勃·库西

Bob Cousy

鲍勃·库西是凯尔特人队史上第一位超级巨星，是“魔术师”约翰逊之前的“魔术师”。作为 NBA20 世纪五六十年代最伟大的传球手和组织者，库西率领凯尔特人开创了伟大的“绿衫王朝”，并被公认为王朝的“心脏和灵魂”。

库西曾连续 13 年入选全明星阵容，并且拥有 6 枚 NBA 总冠军戒指，连续 8 个赛季加冕联盟助攻王。他的技巧和思维影响着一代代球员。他的许多经典动作成为篮球训练的教材。库西还首次为篮球运动加入艺术元素，他那些让人眼花缭乱的动作给观众带来了极大的视觉享受，使篮球进入了“SHOWTIME”的萌芽状态。

库西 13 岁的时候曾从树上掉下来摔断右臂，因此他开始学习用左手运球和投篮，这也使他成为双手均能娴熟传射的全能性控卫。

凯尔特人在建队初期的几年成绩并不理想，从 1946 年到 1950 年，他们都未能进入季后赛。1950 年，库西在 NBA 选秀中几经辗转后加盟了凯尔特人。

一开始，奥尔巴赫认为库西的球风太过花哨，想限制他的上场时间。但是，库西的表现实在太优秀，处子赛季场均便拿下 15.6 分和 4.9 次助攻。

之后，奥尔巴赫又为库西配备了神投手比尔·沙尔曼以及麦考利做搭档。这三人的组合使凯尔特人成为季后赛的常客，花园球馆的上座率也大大提高。年轻的库西成了全联盟最激动人心的球员，他的风格是如此独特，与球迷们之前所看到的其他球员截然不同。库西会表演华丽的背后运球、令人捉摸不定的不看人传球以及娴熟的左右开弓。

22 岁的库西开启了他的连续 13 届全明星之旅，并帮助凯尔特人从当年东部垫底的 22 胜提高到了 39 胜，然后挺进阔别已久的季后赛。

第三个赛季，库西的数据呈井喷式爆发，他场均能送出 7.7 次助攻，居联盟第一。当时联盟的普遍打法是把球喂给篮下的大个子去搏杀，而库西那种前无古人的凌厉风格跟当时联盟这种静态缓慢的打法形成了鲜明对比。此后 8 年，他一直领衔联盟助攻榜。

库西的个人能力变得越来越强，而奥尔巴赫也充分利用了自己当家控卫的优势，打起了快攻战术。但之后的 3 年，凯尔特人均负于锡拉丘兹民族。奥尔巴赫意识到，要想夺得总冠军还缺少几个重要的球员。

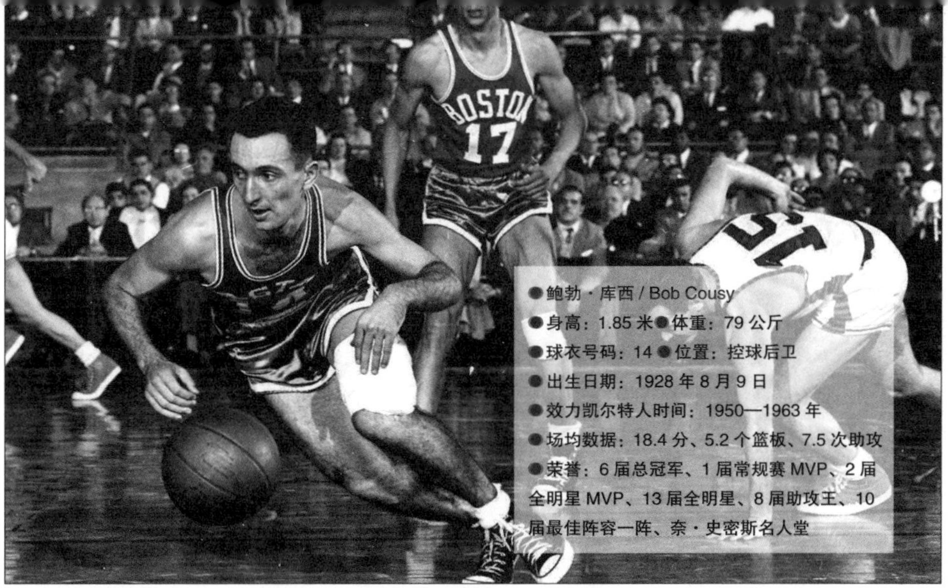

●鲍勃·库西 / Bob Cousy
●身高：1.85 米●体重：79 公斤
●球衣号码：14●位置：控球后卫
●出生日期：1928 年 8 月 9 日
●效力凯尔特人时间：1950—1963 年
●场均数据：18.4 分、5.2 个篮板、7.5 次助攻
●荣誉：6 届总冠军、1 届常规赛 MVP、2 届全明星 MVP、13 届全明星、8 届助攻王、10 届最佳阵容一阵、奈·史密斯名人堂

帮手很快就来了，他就是拉塞尔，其抄截横传球或是展开大鸟一样的臂展封盖和恐吓投篮的手段无人能及。凯尔特人其他防守队员开始把盯防的球员逼往拉塞尔的区域，而且对中距离防守变得更加自信，因为他们知道拉塞尔就在自己身后。除了中锋拉塞尔，波士顿还签来了汤姆·海因索恩。那个赛季，库西以场均 20.6 分、7.5 次助攻的数据首次当选常规赛 MVP。在总决赛和鲍勃·佩蒂特率领的圣路易斯老鹰鏖战七场后，库西终于得到第一个总冠军。之后的赛季，凯尔特人又轻松杀进了总决赛，但由于拉塞尔在第三场脚部不幸受伤，最凯尔特人终遗憾地负于圣路易斯老鹰。

在接下来的三季总决赛里，凯尔特人先横扫湖人，又以 4 比 3 和 4 比 1 的比分战胜老鹰。库西在对阵湖人的比赛中创下了单场 28 次助攻的联盟纪录。虽然这一纪录在 17 年后被打破，但他半场 19 次助攻的纪录至今仍无人能及。

1961/1962 赛季，33 岁的库西掉出了连续 10 届的联盟一阵。之后的一个赛季，库西的数据有所下滑。他最后一次季后赛之旅是在 1962/1963 赛季，那一次，戏剧性的一幕再次上演。在总决赛第六场的第四节比赛中，库西不幸扭伤脚踝，却在最后的关键时刻上演“王者归来”。虽然他没有再得分，但他的返场极大地鼓舞了球队。最终，凯尔特人以 112 比 109 取胜，库西在终场哨音响起时把球用力抛向花园球馆的穹顶。五连冠以及第六冠到手，库西完美谢幕。

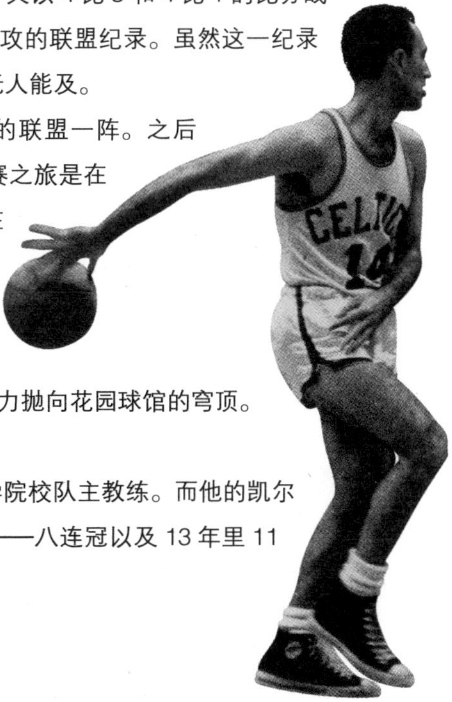

退役后的库西并没有离开篮球，他担任了波士顿学院校队主教练。而他的凯尔特人继续一路高歌猛进，拥有了那个时代的诸多荣耀——八连冠以及 13 年里 11 个总冠军，创造了空前绝后的“绿衫王朝”。

02

指环王 / 比尔·拉塞尔

Bill Russell

比尔·拉塞尔是凯尔特人“绿衫王朝”的基石，用他那神话般的防守才能和盖帽技巧改变了 NBA 的防守理念。拉塞尔在 13 年职业生涯中 11 次率领凯尔特人获得 NBA 总冠军。在乔丹出现之前，他被认为是 NBA 历史上最伟大的球星。

作为 NBA 历史上最伟大的胜利者，11 枚总冠军戒指是对他最好的褒奖。基于他在总决赛的卓越表现，从 2009 年起，总决赛 MVP 奖杯冠名为“比尔·拉塞尔杯”。

1934 年 2 月 12 日，拉塞尔出生在路易斯安那州的门罗。迁居到旧金山的湾区后，拉塞尔进了奥克兰的麦克克莱蒙斯高中。步入大学校园之后，拉塞尔显示出顶级中锋的身高和技巧，加上他后卫速度的步伐，他成为旧金山大学篮球队的核心球员。拉塞尔曾率队连续两年加冕 NCAA 总冠军，并打出了恐怖的 56 连胜。

拉塞尔在防守端展示出的无与伦比的统治力，引起了凯尔特人主教练奥尔巴赫的注意。凯尔特人急需拉塞尔在防守端提供超级能量，使其变成一支伟大的球队。

拉塞尔在 1956 年选秀中，首轮以第 2 顺位被老鹰队选中，随后被奥尔巴赫将其带到凯尔特人。

CELTICS
6
PHILA
13
18

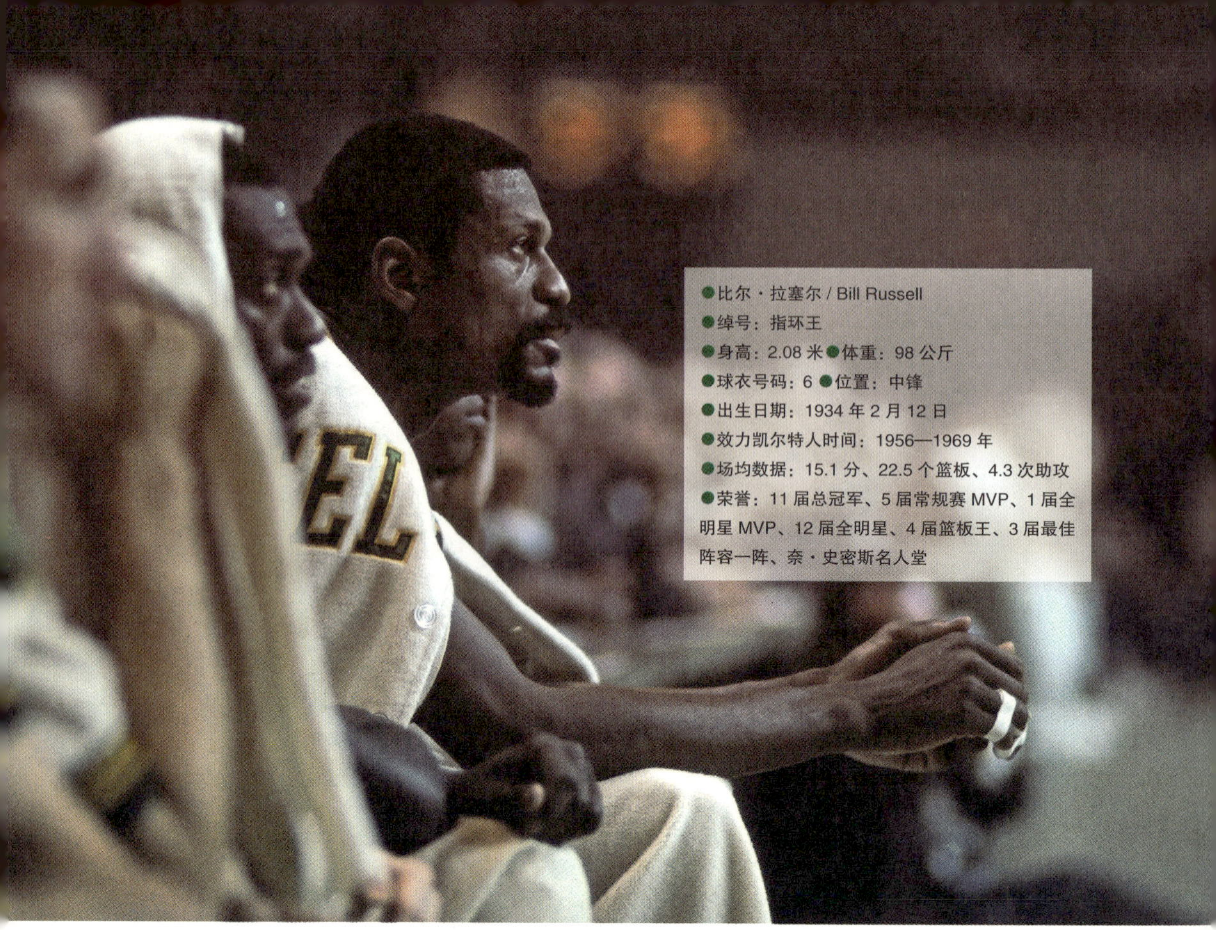

拉塞尔的到来彻底改变了凯尔特人。他的盖帽和篮板为球队带来的不只是防守能力的提高，更为重要的是，每当他抢下篮板后都能直接把球塞给鲍勃·库西这位联盟历史首位魔法师般的后卫，并由后者直接发动快攻。

拉塞尔是个杰出的协防者。当某个凯尔特人球员需要帮忙时，他总能迅速赶来进行双人包夹，事后还能及时归位。这种超越时代的能力是拉塞尔对篮球最伟大的贡献，是具有永恒意义的防守模式，在篮球世界里永远不会过时。

凯尔特人一夜之间变成了联盟中最强的球队。直到 1956 年总决赛，他们才遇到真正的挑战，对手是 5 年里 4 次打进总决赛的圣路易斯老鹰。6 场比赛后，双方 3 比 3 战成平局。在决定生死的第七场，拉塞尔做出了篮球史上最出名的表演，被称作“Coleman Play”（戏耍科尔曼），他以闪电般的速度从底线冲过中场，盖掉了老鹰队后卫杰克·科尔曼的投篮。凯尔特人以 125 比 123 胜出，赢得了队史上第一个总冠军。

这是拉塞尔职业生涯的第一场“抢七大战”，也拉开了拉塞尔 13 年里获得 11 个总冠军的序幕，以及生涯中 10 次“抢七大战”不败的序幕。

此后直到 1969 年的 12 年，拉塞尔和波士顿凯尔特人似乎统治了 NBA 的一切。除了 1958 年拉塞尔因为受伤而丢掉总冠军，以及 1967 年凯尔特人因为新旧交替而输给巅峰时期的张伯伦，拉塞尔和凯尔特人包揽了所有的总冠军，包括空前绝后的八连冠。

职业生涯最后的三年，拉塞尔更是以球员兼教练身份率领凯尔特人夺得两个总冠军。

1968/1969 赛季是拉塞尔职业生涯的最后一个赛季，总决赛面对湖人，老对手阵中添上了“大杀器”——威尔特·张伯伦。两队打成 3 比 3 平局，总决赛又一次进入“抢七大战”。此时没有人怀疑湖人已经是一支比凯尔特人更强的球队，但拉塞尔留下了 NBA 历史上最霸气的宣言：“这世上什么都可能，唯独湖人战胜凯尔特人，不可能！”

这场比赛的后半段过程十分惊险，比赛还剩最后 10 分钟时，凯尔特人领先 17 分，但韦斯特率领湖人穷追不舍，并险些翻盘。最终，凭借唐·尼尔森的幸运投篮，凯尔特人以 108 比 106 战胜湖人，成功卫冕。

那个赛季让拉塞尔步入万神殿的顶端，他以 35 岁的年龄，最终完成了13 年 11 次夺冠的旷世传奇，让他成了 NBA 历史上最伟大的胜利者。

在那年凯尔特人的 18 场季后赛中，拉塞尔的场均上场时间是 46 分钟，而他同时还担当球队的主教练。虽然身兼两职，但当球队需要他时，他总能做到最好。这种全力以赴的竞争精神，直至今天，依然流淌在凯尔特人的血液里。

作为 5 届常规赛 MVP 和 12 届全明星，拉塞尔是一位总共抢下 21620 个篮板的硬派中锋，职业生涯交出场均 22.5 个篮板的华丽成绩单。

拉塞尔的防守意识和水平可能是有史以来最强的——无论卡位、阻截、协防、抢断等样样精通，尤其是盖帽，简直是冠绝古今。毋庸置疑，拉塞尔是凯尔特人“十一冠王朝”最重要的武器和屏障。

●约翰·哈夫利切克 /John Havlicek
●绰号：Hondo
●身高：1.96 米●体重：92 公斤
●球衣号码：17 ●位置：小前锋
●出生日期：1940 年 4 月 8 日
●效力凯尔特人时间：1962—1978 年
●场均数据：20.8 分、6.3 个篮板、4.8 次助攻
●荣誉：8 届总冠军、1 届总决赛 MVP、13 届全明星、5 届最佳防守阵容一阵、4 届最佳阵容一阵、奈·史密斯名人堂

03

Hondo/ 约翰·哈夫利切克

John Havlicek

哈夫利切克是 20 世纪 60 年代至 70 年代的斯科特·皮蓬。放眼历代小前锋，也只有皮蓬的防守功力能够与之相媲美。如果说那个年代凯尔特人是湖人的最大梦魇，那么哈夫利切克则是“关键先生”韦斯特面前最大的障碍，是一面连最锐利的矛也无法刺穿的盾。

哈夫利切克也是那个时代最全能的锋线球员。作为第六人的早期代表，他是出色的得分手，同时又是控球和防守专家。

哈夫利切克以超强的体力和耐力著称，他在球场上永远充满活力，头脑和手脚总比对手快一拍，绰号“人类电机”。哈夫利切克身高 1.96 米，可以压制大多数后卫，而和他对位的前锋们又不如他灵活。初进联盟时，他的投篮并不出色。后来，他通过但刻苦练习成为投篮好手。然而，哈夫利切克最令人称道的还是他那极具篮球智商的防守。

从 1962 年加盟凯尔特人到 1978 年退役，哈夫利切克一共为球队效力 16 个赛季。他随凯尔特人 8 夺总冠军、13 次入选全明星，同时也是凯尔特人队史总得分王，共得到 26395 分、8007 个篮板和 6114 次助攻。

虽然拥有伟大而又丰富的荣耀履历，但哈夫利切克的技术精华可以被浓缩为 5 秒的瞬间，被后人不断提及。有句经典解说词与这一瞬间同在：“哈夫利切克断球啦！比赛结束啦！”

这一刻发生在 1965 年的东部决赛第七场。比赛最后时刻，凯尔特人以 110 比 109

领先。余下 5 秒，拉塞尔发边线球，失误，换 76 人发球。76 人球员哈尔·格里尔发界外球，拖延了 4 秒后，将球发出。电光火石间，哈夫利切克陡然杀出将球断下，随后传给了萨姆·琼斯。比赛结束，大局已定，胜负已晓。

此战获胜后，凯尔特人挺进总决赛，然后完成七连冠，甚至八连冠。这短短的 5 秒是“绿衫军”王朝神话最有可能被颠覆的一刻，但哈夫利切克阻止了所有的可能。正因如此，这一刻无论过去多久，都拥有震撼人心的力量。

职业生涯前四年，哈夫利切克就收集了四个总冠军。隔了一年后，又是连续两个总冠军。第六个总冠军是在 1969 年。当拉塞尔拿到第 11 个总冠军后功成身退，哈夫利切克延续“绿衫军”的骄傲和荣耀。1973 年和 1974 年，哈夫利切克成功获得了他的第七个和第八个总冠军，并在 1974 年加冕总决赛 MVP。

后来，由于伯德的存在，哈夫利切克无缘成为“绿衫军”第一小前锋，但这无损他取得的功绩。在凯尔特人的群星中，只有哈夫利切克一人是“两朝重臣”。

04 全能中锋 / 戴夫・考恩斯

David Cowens

朴实无华而又技术全面，稳定扎实而又勇于奉献，这就是戴夫・考恩斯。他职业生涯场均得到 17.6 分和 13.6 个篮板，7 次入选全明星。考恩斯专注于攻击和防守两端，这一点在其 11 年职业生涯中从未改变过。他总是一如既往的稳定。

值得一提的是，考恩斯是史上仅有的四位单赛季在五大数据（得分、篮板、助攻、盖帽和抢断）领衔全队的球员，其他的三位球员分别是：皮蓬、加内特和詹姆斯。

早在大学时代，戴夫・考恩斯曾不被人看好。很多人认为他身高不够，无法担任中锋一职。幸运的是，他得到“红衣主教”奥尔巴赫的赏识，并在 1970 年选秀大会的首轮第 4 顺位被凯尔特人选中。

当时，凯尔特人希望能够找到拉塞尔退役后的继承者，奥尔巴赫看中了考恩斯的勤勉。1970/1971 赛季，考恩斯场均得到 17.0 分、15.0 个篮板，荣膺“最佳新秀”。

1972/1973 赛季，考恩斯场均得到 20.5 分、16.2 个篮板，帮助凯尔特人取得联盟最佳的 68 胜战绩。那个赛季，他当选了常规赛 MVP 以及全明星赛 MVP。

接下来的 3 个赛季，考恩斯渐入佳境，并且在 1975/1976 赛季率领凯尔特人夺得总冠军。1976/1977 赛季，年仅 28 岁的考恩斯居然对外宣布退役（或许说是无薪告假），理由是凯尔特人把他最好的哥们儿保罗・塞拉斯无情交易了。这次退役只经历了短暂的 32 场比赛。遗憾的是，归队之后的考恩斯再也无法找回巅峰的状态。

1978/1979 赛季，在 13 场比赛后，考恩斯被任命为凯尔特人的球员兼教练。不堪重负的考恩斯带领凯尔特人打得很糟糕。考恩斯再度考虑退役，凯尔特人为他提供了诚意十足的续约合同。然而，考恩斯放弃了巨额支票，第二次宣布退役。

对此，他专门在《波士顿先驱报》上写了一篇告别文章来解释原因。简言之，他的篮球之火已经熄灭，他不想在没有付出的情况下拿工资。

考恩斯曾说，现役球员中打球最像他的就是德雷蒙德・格林。如果你没看过考恩斯打球，可以想象一个更加高大的左撇子白人版格林。

●戴夫・考恩斯 / David Cowens

●身高：2.06 米●体重：104 公斤

●球衣号码：18 ●位置：中锋、大前锋

●出生日期：1948 年 10 月 25 日

●效力凯尔特人时间：1970—1980 年

●场均数据：17.6 分、13.6 个篮板、3.8 次助攻

●荣誉：2 届总冠军、1 届常规赛 MVP、1 届全明星 MVP、7 届全明星、1 届最佳防守一阵、奈・史密斯名人堂

05 大鸟 / 拉里·伯德

Larry Bird

伯德是凯尔特人荣誉的化身。他是一名集优雅、自信、勤奋于一身的球员，喜欢在压力下迎接挑战，同时帮助队友们做到最好。就如同鲍勃·库西、比尔·拉塞尔、哈夫利切克这些前辈一样，伯德身上也流淌着一种无私的团队精神。

作为凯尔特人重建的关键，伯德帮助球队从 20 世纪 70 年代末期的不佳战绩和低迷球市中摆脱出来。球队在他的率领下日趋完美，赢得了 3 次 NBA 总冠军。在得到 3 枚戒指的同时，伯德也收获了无数个人荣誉。他是 NBA 有史以来第三位连续三届赢取常规赛 MVP 的球员，12 次入选全明星阵容，2 次成为总决赛 MVP，9 次入选 NBA 第一阵容。

伯德是一个固执的完美主义者。他在球场上拥有超凡的视野，常常能在对手的严防下不可思议地做出远射，使球迷们为之倾倒。作为 NBA 历史上最伟大的技术流小前锋，那种固执和自信已经融入伯德的骨髓，不会因岁月的更迭而改变。

20 世纪 70 年代末的 NBA 坠入低谷。正在生死存亡之时，“大鸟”和“魔术师”的出现拯救了联盟，凯尔特人的 33 号和湖人的 32 号联袂开启了“黑白双雄”的对峙时代。

1979 年，密歇根州立大学与印第安纳州立大学 NCAA 冠军争夺战的电视收视率高达 24.1%，创下美国大学篮球历史上的最高纪录，只因其比赛看点是“魔术师”对决“大鸟”。

印第安纳州立大学最终以 64 比 75 输给了密歇根州立大学。尽管没有成功登顶，但伯德的出色表现还是引起了 NBA 的高度关注，只是他坚持要完成大学学业，让不少球队打了退堂鼓。此外，人们对伯德的身材、速度和脾气也尚存疑问。

“大鸟”拉里·伯德虽然没有过人的身体素质，没速度、没弹跳、没爆发力、没有力量而且还有背伤，但他是个靠脑子打球的球员，具备了所有小前锋的技巧，是典型的篮球高智商型球员。他之所以能够成为联盟的王者，得益于超凡脱俗的篮球智慧和出神入化的球技，还有强大的自信和偏执。

加盟凯尔特人后，伯德没有让“红衣主教”失望。1981 年，他率队杀入了总决赛，而对手并不是他期待已久的湖人。面对火箭，伯德带领凯尔特人拿下第六场，赢得了自己的第一个总冠军。赛后，他像奥尔巴赫那样点燃雪茄庆祝，和队友在酒店里彻夜狂欢。

1984 年，湖人与凯尔特人相遇总决赛。前两场两队互有胜负。然而，球队在第三

●拉里·伯德 / Larry Bird ●绰号：大鸟
●身高：2.06 米●体重：100 公斤
●球衣号码：33 ●位置：小前锋
●出生日期：1956 年 12 月 7 日
●效力凯尔特人时间：1978—1992 年
●场均数据：24.3 分、10.0 个篮板、6.3 次助攻
●荣誉：3 届总冠军、2 届总决赛 MVP、3 届常规赛 MVP、1 届全明星 MVP、1 届最佳新秀、12 届全明星、1 届奥运会金牌、NBA50 大巨星、奈·史密斯名人堂

场以104比137惨败湖人。伯德再也坐不住了，尖锐地说："我们打得就像娘们儿一样。"

第四场，麦克海尔"晾衣绳式"的犯规改变了局势。最后时刻，伯德在"魔术师"头上命中了一记优雅的后仰跳投。"绿衫军"扳平了总比分。第五场，伯德上演了最精彩的一场比赛，全场20投14中，砍下34分，抢下17个篮板。1984年总决赛，凯尔特人笑到最后，在参加完总冠军庆祝活动的第二天，伯德就开始为第二年做准备了。

1985年3月12日，伯德在对阵老鹰时砍下60分。

1986年，伯德率领凯尔特人卷土重来。然而让他失望的是，湖人没有从西部突围，宿敌不在，伯德的目的依然不变——羞辱任何一个企图阻挡他的对手。

1987年东部决赛，伯德用那记著名的抢断改变了球队的命运，帮助凯尔特人与湖人再度会师。然而，恶化的背伤让其再也无力回天。

1987年总决赛之后的每一个新赛季，都被伯德视作新的机会。他希望带领凯尔特人重新杀回总决赛，再战湖人。然而，残酷的现实是他们之间的距离越来越远。

1991/1992赛季过后，伯德决定退役。他的背部僵硬得像一堵砖墙，每天都为不能弯腰系鞋带而苦恼。他已经35岁，是时候结束了。

伯德在发布会上向波士顿人表示，如果没有效力过凯尔特人，就不算打过职业联赛。他很珍视为这支球队从一而终的球员生涯，并保证永远不会复出。

"魔术师"约翰逊参加了宿敌的退役仪式，当着波士顿球迷的面，露出了穿在里面的绿色T恤。他向观众爆料，伯德在效力凯尔特人这么多年里，只撒过一次谎。"你知道那是什么吗？"约翰逊问伯德，后者莫名其妙。"你说过以后将出现第二个拉里·伯德，"约翰逊接着说，"但我要告诉你，你错了。永远不会有另一个拉里·伯德，绝对不会。"

伯德的完美源于自信。这位老兄在大战前常常会跳着华尔兹来到对手的板凳席告诉对手他将在比赛中轰下40分，没人敢把这当作一句笑话。

在伯德当道的年代，也许只有"魔术师"约翰逊在传球上做得比他更出色一点。"魔术师"是伯德最伟大的敌人，同时也是一生的朋友。这两位巨星在20世纪80年代共同上演的"黑白争雄"已然成为NBA不灭的经典。

职业生涯高光闪回：来争第二名？

1986 年全明星周末，拉里·伯德在三分球大赛决赛中以 22 分的高分击败仅仅得到 12 分的克莱格·霍齐斯，成为第一届全明星大赛三分王。

在接下来的 1987 年和 1988 年，拉里·伯德依然是三分大赛上的王者，最终包揽了全明星三分大赛的前三个冠军。然而，这些都不重要，重要的是，1986 年三分球大赛开赛前，拉里·伯德来到更衣室，冲着其他选手来了一句："你们是来争第二的吗？"而 1988 年三分球大赛中，伯德连训练服都没脱，最后一球刚刚离开指尖，他就开始转身庆祝。此等王霸之气，至今无人能比。

这只不过是拉里·伯德辉煌职业生涯中的一个小插曲，他的才华如汪洋大海，而他那份与惊世才华相匹配的骄傲，更令人印象深刻。

06

冰箱 / 凯文·麦克海尔

Kevin McHale

拥有超长臂展的麦克海尔逐渐成为 NBA 中低位大师，没有人在低位得分手段比他更丰富，甚至奥拉朱旺也无法比肩。麦克海尔依靠三种动作就足以将防守者“生吞活剥”：左右勾手、转身后仰跳投以及后撤步跳投。

1980 年选秀大会，麦克海尔以首轮第 3 顺位被凯尔特人选中，从此开启了长达 13 年的“绿衫”生涯。1983/1984 赛季，麦克海尔首次入选全明星阵容，并荣膺最佳第六人。

1984 年总决赛面对宿敌湖人，第四场比赛第三节，湖人的科特·兰比斯在快速反击中直刺篮下。麦克海尔牢记教练“封杀轻松上篮”的指令，然而用力过猛，把兰比斯像水泥袋一样掀翻在地。看到对手的惨状，麦克海尔自言自语：“哦，看来要打一架了。”这就是麦克海尔制造的著名的“晾衣绳式犯规”。

1985/1986 赛季，麦克海尔坐稳首发位置。1985 年 3 月 3 日，凯尔特人对阵活塞，麦克海尔砍下 56 分，刷新队史的个人得分纪录。1986/1987 赛季，麦克海尔打出职业生涯最出色的一季，场均贡献 26.1 分、9.9 个篮板，却不得不拖着骨折的左腿应付季后赛，冒着毁掉职业生涯的危险帮助凯尔特人卫冕。21 场季后赛，麦克海尔场均出场 39.4 分钟，贡献 21.1 分、9.2 个篮板，那次带伤作战的经历为麦克海尔因伤退役埋下伏笔。

1987 年之后，麦克海尔连续 4 次入选全明星。但卫冕失利之后，凯尔特人的时代似乎结束了。1992/1993 赛季，麦克海尔第一次感到自己不再为打球而兴奋，而伤病让他陷入恐惧中无法自拔，一番挣扎之后他选择了退役。

麦克海尔作为球员的职业生涯非常辉煌。他随凯尔特人三夺总冠军，两次荣膺最佳第六人。他也被誉为 NBA 历史上最佳白人大前锋，并入选 50 大巨星以及篮球名人堂。

1994 年 1 月 30 日，凯尔特人正式将麦克海尔的球衣退役，他的 32 号战袍与伯德的 33 号球衣紧紧相邻，永远地悬挂在波士顿花园球馆的穹顶。“我认为我们的比赛就该这么打，”麦克海尔说，“毫无疑问，在波士顿的日子是我人生中最美好的记忆。”

麦克海尔的球员生涯戛然而止，但他与篮球的情缘还未了。1994 年，他入主森林狼管理层。他在明尼苏达的职场生涯从选中加内特开始，到送走加内特结束。森林狼曾经在他的运作下杀入西部决赛，创下队史最佳战绩。他还曾两次执掌教鞭，执教战绩为 39

胜55负。然而，关于乔·史密斯的暗箱操作以及送走“狼王”的交易让麦克海尔饱受质疑。

2012年，麦克海尔再度拿起教鞭，执教火箭。2015年，退居二线的麦克海尔依旧没有离开篮球，偶尔客串ESPN的NBA解说员。

麦克海尔有个“冰箱”的绰号，理由很直接，海尔是中国著名冰箱品牌。还有另外一个理由：担任主教练的麦克海尔会把手感火热的球员放在板凳席上，等其手感冰凉后才上场，完美地契合冰箱的制冷效果。当然，这是对于这位老帅的一种调侃。

球员时代无比辉煌，教练履历平淡无奇，这就是麦克海尔。

他将一生都奉献给了篮球事业。

●凯文·麦克海尔 / Kevin McHale
●身高：2.08米●体重：95公斤
●球衣号码：32 ●位置：大前锋
●出生日期：1957年12月19日
●效力凯尔特人时间：1980—1993年
●场均数据：17.9分、7.3个篮板、1.7个盖帽
●荣誉：3届总冠军、7届全明星、2届最佳第六人、3届最佳防守阵容一阵、1届最佳阵容一阵、奈·史密斯名人堂

07

酋长／罗伯特·帕里什

Robert Parish

从1976年到1997年，19年NBA职业生涯，23334分、14715个篮板、2361次封盖和1611场常规赛出场，帕里什用横跨三个时代的巨匠表现，诠释了一代传奇的定义。

安静、低调却强硬稳健，帕里什因为长相酷似电影《飞越疯人院》中的印第安人酋长，而有了这个被后人铭记的绰号——酋长。

“红衣主教”奥尔巴赫最传奇的一笔交易是1980年凯尔特人和勇士的交易，“绿衫军”用“状元秀”和13号签换来帕里什和1980年“探花秀”凯文·麦克海尔。众所周知，通过这笔交易，“主教大人”签下了20世纪80年代凯尔特人“三巨头”中的两个。

帕里什在加盟凯尔特人的第一个赛季，场均砍下18.9分、9.5个篮板、2.6次封盖，命中率高达55%。这一年，他不仅职业生涯首次入选全明星，更收获了第一枚总冠军戒指。

1981年的NBA总决赛，被公认为是拉里·伯德和马克斯韦尔的总决赛。但事实上，帕里什才是那届决赛的中流砥柱。他是球队二号得分手、二号篮板手、首席盖帽王。

1981/1982赛季，帕里什场均拿下19.9分、10.8个篮板、2.4个盖帽。他拥有细腻的篮下技术和精准中投，而且从不抱怨出手次数，甘心做“绿叶”。

1981年至1987年，帕里什七次入选全明星阵容。1984年和1986年，凯尔特人又两夺总冠军。伯德、麦克海尔和帕里什的“三巨头”成为20世纪80年代NBA的完美组合模板，并在一定程度上影响了后世。可惜，随之而来的是凯尔特人王朝的瓦解：伯德受背伤影响在1992年功成身退，带走了一个时代；麦克海尔则在1993年挥手离开；而帕里什在坚守两年后远走夏洛特，最终回到芝加哥。

1997年，芝加哥公牛获得总冠军，在联合中心球馆漫天飞舞的彩带中，“酋长”用一丝淡淡的微笑为自己漫长的职业生涯画上了最圆满的句点。

自此，44岁的帕里什离开NBA，带着4枚NBA总冠军戒指结束了长达21年的职业生涯。

帕里什也成为效力NBA时间最长的球员，至今无人能打破这一纪录。

●罗伯特・帕里什 / Robert Parish
●绰号：酋长
●身高：2.13 米●体重：104 公斤
●球衣号码：00 ●位置：中锋
●出生日期：1953 年 8 月 30 日
●效力凯尔特人时间：1980—1994 年
●场均数据：14.5 分、9.1 个篮板、1.5 个盖帽
●荣誉：4 届总冠军、9 届全明星、1 届最佳阵容二阵、奈・史密斯名人堂

08

真理 / 保罗 · 皮尔斯

Paul Pierce

对于皮尔斯而言，篮球只是关乎输赢的一项运动，任何取悦观众的华丽技巧都是浮云。而用朴实无华的招式挫败对手，用最经济、最便捷的方式谋取胜利，也许就是篮球场上的“真理”。

2001 年 3 月 13 日，皮尔斯率领凯尔特人远赴洛杉矶，挑战湖人。最终，虽然球队以 107 比 112 惜败对手，然而皮尔斯的表现令对手和斯台普斯挑剔的客场球迷折服。此役，他 19 投 13 中，狂砍 42 分。更在比赛中展现出他那花样繁多的进攻技巧。

赛后，沙奎尔·奥尼尔对波士顿记者说："把我说的记下来。我叫沙奎尔·奥尼尔，但保罗·皮尔斯才是'真理'。我早就知道他打球很厉害，然而我没有想到居然如此厉害。保罗·皮尔斯就是'真理'。"于是，一个富有传奇色彩的绰号就这样诞生了。

皮尔斯可能是最被人低估的超级巨星之一，"真理"究竟有多棒，问问曾经与之交手的科比和詹姆斯便知。这两位联盟大佬都曾吃过皮尔斯的苦头。

要把球交给他，皮尔斯就会得分。拥有天生的得分触觉，技术全面、细腻、纯熟，更恐怖的是他秉承着强悍、坚韧、高智商的凯尔特人风格，总能找到最好的处理球的方法。他强悍的背部力量属联盟顶级，他是一个永远被对手视为噩梦的"锋卫摇摆人"，他就是"真理"。

1997 年，大二的皮尔斯带领堪萨斯大学在 NCAA 里打出 31 胜 1 负的骄人战绩，但在季后赛止步 16 强。到了大三，球队成绩反而一落千丈，爆冷输给罗德岛大学，直接让皮尔斯在 1998 年选秀中滑落到首轮第 10 顺位。于是，作为土生土长的加州人以及湖人拥趸，皮尔斯却披上了"绿衫"。

从拉里·伯德退役到保罗·皮尔斯加盟，波士顿凯尔特人经历了六年偶像空白期。当他们曾经呼风唤雨的东区联盟彻底变成乔丹一人独舞的天下，穹顶悬挂着 16 面总冠军锦旗的"绿巨人"俨然成为最灰头土脸的看客。于是，在乔丹宣布退役的 1998 年夏天，手握首轮 10 号签的波士顿，毫不犹豫地选中了来自堪萨斯大学的锋线新星，时任"绿军"主帅的里克·皮蒂诺兴奋地表示："我们捡到了宝贝，保罗·皮尔斯会是那个带领凯尔特人走向复兴的人。"

虽然新秀赛季即遭遇停摆，但在 48 场比赛中，皮尔斯场均贡献 16.5 分、6.4 个篮板、2.4 次助攻，他全面而成熟的进攻技巧让所有人感到不可思议。

皮尔斯仅用了一个赛季就征服了波士顿球迷的心，与此同时，他和安托万·沃克的"双子星组合"开始发威，凯尔特人逐渐回到东区劲旅行列。1999/2000 赛季，皮尔斯场均得分达到 19.5 分，而在 2000/2001 赛季，他第一次赛季全勤，场均得分飙升至 25.3 分。

2002 年，皮尔斯已经是联盟顶级的"锋卫摇摆人"，他成功入选了全明星阵容，并率领凯尔特人闯进东部决赛，但是球队最终不敌篮网。尽管输掉了人生第一个分区决赛，但凯尔特人球迷还是依稀看到了"绿军"崛起的影子。

●保罗・皮尔斯 / Paul Pierce ●绰号：真理
●身高：2.01 米●体重：107 公斤
●球衣号码：34 ●位置：小前锋
●出生日期：1977 年 10 月 13 日
●效力凯尔特人时间：1998—2013 年
●场均数据：19.7 分、5.6 个篮板、3.5 次助攻
●荣誉：1 届总冠军、1 届总决赛 MVP、10 届全明星

然而，2002 年之后，凯尔特人的命运却急转直下。沃克对三分球的病态迷恋以及球队阵容升级的停滞不前，让他们没能再往前走。2003 年，他们惨遭篮网横扫。同年夏天，沃克离队。2004 年和 2005 年，球队连续两年被步行者扫地出门，此后，球队彻底堕入深渊。

2005/2006 赛季，皮尔斯场均轰下职业生涯最高的 26.8 分。但凯尔特人只获得了 33 胜 49 负的战绩，无缘季后赛。紧接着的 2006/2007 赛季，他们全年只取得了 24 场胜利，更有一波耻辱性的 18 连败。在此期间，皮尔斯甚至要求总经理丹尼·安吉为了长远发展将自己交易，但遭到后者拒绝。球队老板格鲁斯贝克作为头号“真理粉丝”，也对这个交易请求不予理睬，因为他相信球队距离重返巅峰已经不远。

果然，2007 年的夏天是属于皮尔斯和波士顿的。安吉通过交易得到了凯文·加内特和雷·阿伦，加之在自由市场上一连串的漂亮引援，凯尔特人重新组成了一支王者之师，并在组队的第一个赛季便成功夺冠。在总决赛 4 比 2 击败湖人的系列赛中，皮尔斯场均砍下 21.8 分，荣膺总决赛 MVP。

此后的故事已经众所周知。“绿衫军”重返联盟之巅，并保持了长达 4 年的东部豪强本色。之后，球队在 2010 年总决赛抢七憾负湖人、2012 年“抢七”不敌热火。

职业生涯暮年，皮尔斯辗转布鲁克林、华盛顿和洛杉矶，但骨子里仍然流淌着绿色的血液，以至于很多爱他的球迷坚持称呼他为“皮队”。即便是老皮自己，也承认那 15 年的波士顿岁月是他一生中最美好的时光。

没有遗憾，坦然面对。39 岁的保罗·皮尔斯带着对篮球的最后一丝留恋与不舍说出了那声压抑已久的再见。他与 19 年的职业生涯、10 届全明星、1 届总冠军、1 届总决赛 MVP 和常规赛总得分 26397 分的成绩单挥手告别。

皮尔斯成就惊人，数据华丽，他赢得了作为职业球员梦想赢得的一切。他经历过生离死别，甚至一只脚踏进过地狱鬼门，连死神都对其畏惧三分。所有职业球员的荣辱得失、悲欢离合，他全部经历过。大概唯一让他感到遗憾的，只有未能以凯尔特人球员身份退役。

时至今日，当球迷们再次谈论起 1998 年的 NBA 选秀，有人会津津乐道于文斯·卡特的横空出世，有人会对低估德克·诺维茨基而后悔不已，有人会珍惜每一次欣赏“白巧克力”威廉姆斯的机会。当然，在这一串闪光的名字里，皮尔斯会是被讨论频率最高的球员。

09

少主 / 拉简·隆多

Rajon Rondo

他曾是“绿衫军”的“少主”，拥有最完整的传球技巧和最深刻的赛场洞察力。他对球队战术的理解程度可以和教练媲美。作为一个球员，他速度奇快，攻防两端充满攻击性和破坏力。但与此同时，他的中远距离投篮不够精准。他臂展超长，手掌奇大，拥有良好的球感，可以轻松上演快攻扣篮。其传球和篮板能力在后卫中难逢敌手，经常打出“三双”数据。

2006 年，安吉与太阳达成协议，用第二年的首轮签换来隆多。这次运作被公认为凯尔特人史上最成功的一次“淘宝”。2008 年，凯尔特人夺得总冠军，“三巨头”几乎抢占了所有戏份。总决赛第六场，隆多是场上最闪亮的星。他狂揽 21 分、7 个篮板、8 次助攻和 6 次抢断。隆多的穿针引线对“三巨头”来说不可或缺。

2011 年东部半决赛，肘部脱臼也无法阻挡隆多与热火决一死战的雄心。虽然最终没有力挽狂澜扭转战局，但隆多用个人英雄主义的戏码为“绿衫军”赢得那轮东部半决赛的唯一一场胜利，使世人确信他的体内拥有最纯正的凯尔特人基因。

2012 年东部决赛，凯尔特人和热火再次遭遇。第二场，隆多打满 53 分钟，加时赛砍下 12 分，包括终场结束前 15 秒的两记三分球。他全场砍下 44 分、8 个篮板、14 次助攻，NBA 季后赛历史上没有人打出如此惊人的数据。

“后三巨头时代”的凯尔特人看不到复兴的希望。2014 年 12 月 19 日，小牛和凯尔特人完成交易，隆多加入达拉斯小牛，最后一位冠军后卫也远走他乡。隆多挥手作别了征战 8 年之久的波士顿，开启了颠沛漂泊的浪子生涯。

达拉斯没有一个能够兼容他的体系，隆多只是过客。此后，他又辗转国王、公牛、鹈鹕。在鹈鹕，隆多再现了职业生涯的短暂辉煌。

2018/2019 赛季，当詹姆斯确定加盟湖人后，隆多也来到洛杉矶，跟“现役第一人”并肩作战。这个赛季，隆多场均砍下 9.1 分、5.2 个篮板、7.8 次助攻。虽然数据不再耀眼，但他在湖人扮演了很重要的角色。

迄今为止，隆多的职业生涯巅峰依然是在凯尔特人。如今，在詹姆斯的身边，他会交出怎样的成绩单，这令人期待。

●拉简 · 隆多 / Rajon Rondo

●身高：1.85 米●体重：84 公斤

●球衣号码：9 ●位置：控球后卫

●出生日期：1986 年 2 月 22 日

●效力凯尔特人时间：2006—2014 年

●场均数据：10.4 分、4.8 个篮板、8.4 次助攻

●荣誉：1 届总冠军、4 届全明星、2 届最佳防守阵容一阵、3 届助攻王、1 届抢断王

10

基石 / 凯文·加内特

Kevin Garnett

2007 年夏天，当加内特决定结束在明尼苏达 12 年的漫长守候前往波士顿寻找心中的梦想时，凯尔特人为他付出了半支球队的代价也毫不皱眉。因为身高 2.13 米的加内特技术全面、爆发力惊人，可以胜任球场上任何一个位置。他是篮球史上最全能、最富激情的大前锋。

于是，我们看到了已经年过 31 岁的加内特、32 岁的雷·阿伦和 30 岁的皮尔斯组成了“三巨头”，从此开创了 NBA 一个全新的波士顿时代。“KG”加盟凯尔特人，不仅将攻防两端的威力带到“绿衫军”，更把狂野和激情注入其中，那是一种令对手望而生畏的“狼性精神”。

加盟凯尔特人的第一个赛季，加内特场均可以贡献 18.8 分、9.2 个篮板。出场时间减少可以让他蓄力冲击总冠军。除此之外，加内特彻底改变了凯尔特人的防守风格，他是这支“绿衫军”防守端的领袖，并最终当选 2007 /2008 赛季的最佳防守球员。

该赛季，凯尔特人取得 66 胜的最佳战绩，在季后赛先后“抢七”淘汰老鹰和骑士。随后，球队连续以 4 比 2 击败活塞和湖人。在加盟“绿衫军”的第一个赛季，加内特便实现了总冠军梦想。

在前三个赛季两进总决赛后，凯尔特人在后三个赛季的最好战绩也只是东部决赛（虽然那个赛季的加内特似乎返老还童，并和年轻的“热火三巨头”大战七场）。但随着雷·阿伦在 2012 年加盟热火，凯尔特人“三巨头”时代就此宣告结束。

2013 年夏天，安吉将加内特、皮尔斯和贾森·特里交易至布鲁克林篮网换取“未来”，但加内特也只在布鲁克林待了两年。2015 年 2 月，明尼苏达森林狼做出一笔交易，他们将凯文·加内特带回了森林狼，想让他成为球队年轻球员的导师。

能够与雷·阿伦和皮尔斯并肩作战，是加内特一生最难忘的事情。而皮尔斯对于加内特也充满敬仰：“他就是一切，他在更衣室的作用，他的求生欲、他的决心、他的领导才能，给球队带来了极大的帮助。”

加内特是凯尔特人这个时代的基石，是这段绿色光辉岁月的领袖。道格·里弗斯的

- 凯文·加内特 / Kevin Garnett
- 绰号：狼王 ● 身高：2.11 米
- 体重：115 公斤 ● 球衣号码：5
- 位置：大前锋
- 出生日期：1976 年 5 月 19 日
- 效力凯尔特人时间：2007—2013 年
- 场均数据：17.8 分、10.0 个篮板、1.4 个盖帽
- 荣誉：1 届总冠军、1 届常规赛 MVP、1 届全明星 MVP、15 届全明星、4 届篮板王、1 届最佳防守球员、1 届奥运会金牌

ALLEN
20
CELTICS
5

一句话概括了加内特的重要性：“他就是我们的生命！”

“球馆上的总冠军旗帜每天都在激励着我。而每当我走进大门，看到这些旗帜时，便总能感觉到身边充满着特别的气息。” 这是加内特在 2008 年率领凯尔特人夺冠后说的一句话。对于自己加盟这支豪门球队，他一直都感到幸运和幸福。

他是明尼苏达旷野上肆意咆哮的绝世“狼王”，是重振“绿衫王朝”雄风的擎天斗魂。他眼中喷火、命里带风、纵横捭阖、激情无限。在 21 载的职业生涯中，他留下了荣誉、辉煌、传奇，还留下了霸气、铁血、垃圾话。

2012 年 6 月 10 日，迈阿密美航球馆，东部决赛“抢七大战”终场前 28.3 秒，皮尔斯犯规，韦德罚球。凯尔特人以 88 比 99 落后 11 分，胜负即分。整个美航球馆陷入疯狂，白色人浪此起彼伏，这是他们为球队连续两年杀进总决赛而欢呼。而在白浪的一角，有一抹绿色的忧郁，像一座孤岛，静静地等待命运的宣判。里弗斯上前跟被替换下场的皮尔斯、加内特和雷·阿伦挨个拥抱、耳语，三位“老男孩”回身静坐，汗水与泪水一起从脸颊上滑落。

时钟拨回至 2007 年 8 月 1 日的上午，丹尼·安吉笑呵呵地在新闻发布会上公布了一个震惊全美的消息——加内特、皮尔斯和雷·阿伦三星聚义，一个新的波士顿时代拉开帷幕。三位年过而立的“老男孩”互相展示自己的球衣，微笑着立下山盟海誓——夺取总冠军！

与历史上的巨星组合不同，“波士顿三巨头”各自拥有一段坎坷的职业生涯：加内特在森林狼孤独守望，雷·阿伦独自穿梭于密尔沃基和西雅图的困惑，皮尔斯矢志不渝地坚守波士顿的荣光。

他们都曾无限接近成功，但最终在相同的节点一败涂地。命运安排他们聚首东海岸，这是历史赋予三位“老男孩”的责任。五年来，“波士顿三巨头”已经成为一种信仰，并深深地影响了后生晚辈。

岁月静好，只是流年侠影，夕阳已至……

BOSTON CELTICS 1957 WORLD CHAMPIONS
BOSTON CELTICS 1959 WORLD CHAMPIONS
BOSTON CELTICS 1960 WORLD CHAMPIONS
1966 WORLD CHAMPIONS
DUNKIN' DONUTS
Budweiser
KYOCERA

绿衫王朝

Boston Celtics

波士顿凯尔特人荣耀数据榜

退役球衣

BOSTON CELTICS

凯尔特人退役球衣共22件，这些球衣分别属于00号（罗伯特·帕里什）、1号（沃尔特·布朗）、2号（阿诺德·奥尔巴赫）、3号（丹尼斯·约翰逊）、6号（比尔·拉塞尔）、10号（乔·乔·怀特）、14号（鲍勃·库西）、15号（汤姆·海因索恩）、16号（汤姆·桑德斯）、17号（约翰·哈夫利切克）、18号（戴夫·考恩斯）、19号（唐·尼尔森）、21号（比尔·沙曼）、22号（爱德华·麦考利）、23号（弗兰克·拉姆齐）、24号（萨姆·琼斯）、25号（K.C.琼斯）、31号（塞德里克·马克斯韦尔）、32号（凯文·麦克海尔）、33号（拉里·伯德）、34号（保罗·皮尔斯）、35号（雷吉·刘易斯）。再加上若干夺冠和分区冠军旗帜，球馆再大也快挂不下了。于是，凯尔特人在球馆上空，用一面格子旗取而代之，把球衣号码印在格子里。

00 罗伯特·帕里什
1980—1994

帕里什拥有教科书般的内线移动和独特的跳投，他跳投的抛弧线很高，以至于防守球员几乎不可能进行封盖。帕里什的篮板能力和盖帽能力也非常突出，面对那些七尺大个子时更是占尽优势。尽管他在进攻端的威胁不大，但是总能在球队需要他时站出来接管比赛。

1 沃尔特·布朗
1946—1964

1946年，波士顿凯尔特人创建。布朗担任波士顿凯尔特人的主席一直到1964年9月7日去世。作为老板成员之一，布朗在NBL和BAA合并为今天的NBA的过程中发挥了重要作用。不过，创造“凯尔特人王朝”显然是其更大的成就。布朗去世后，NBA以他的名字命名了NBA总冠军奖杯。

2 阿诺德·奥尔巴赫
1951—1966

1950/1951赛季，奥尔巴赫开始执教波士顿凯尔特人。他在20年内率队夺得938场常规赛胜利和9个总冠军。这两项纪录在数十年后方被兰尼·威尔肯斯和菲尔·杰克逊分别追上。奥尔巴赫是首位在选秀中选择黑人选手的NBA主教练（1950年）。1963年，他在NBA历史上首次派出了全部由黑人球员组成的首发阵容。其后，他又任命比尔·拉塞尔接任教练，使之成为美国体育史上首位黑人主帅。

3 丹尼斯·约翰逊
1983—1990

在“绿衫军”时期，约翰逊奉献过无数精彩时刻，1984年总决赛，他成功防住“魔术师”，令后者在四场比赛里的场均得分不足17分，并令其在第二场、第四场和第七场比赛的最后时刻出现致命失误。1987年东部决赛第五场，伯德上演一出“世纪神偷”的好戏，而接伯德传球并上篮命中的，正是约翰逊。凯尔特人在1991年12月13日退役了他的3号球衣。

6 比尔·拉塞尔
1956—1969

拉塞尔是历史上获得最多总冠军的球员。他职业生涯共拿到11个总冠军，其中包括一次八连冠。拉塞尔曾5次荣膺常规赛MVP、4次夺得篮板王、3次入选最佳阵容。1966年，他执教凯尔特人，以主教练与球员的身份率队再夺两届总冠军。值得一提的是，拉塞尔的所有荣誉都是在凯尔特人获得的。

10 乔·乔·怀特
1969—1979

乔·乔·怀特在1969年NBA选秀中于第一轮第9顺位被凯尔特人选中。他两次随凯尔特人夺得总冠军，1976年荣膺NBA总决赛MVP。1971年至1977年连续七年入选NBA全明星阵容，两次入选最佳阵容二阵。他职业生涯共出战了837场比赛，场均35.8分钟内可以得到17.2分、4个篮板、4.9次助攻。值得一提的是，在医疗水平尚不发达的年代里，怀特却连续五个赛季打满82场。

14 鲍勃·库西
1950—1963

库西是年代比较久远的巨星，他可以说是NBA历史上首位小个子巨星。库西的身高只有1.85米，在20世纪50年代属于“袖珍”型球员。但他场均可以拿到惊人的18.4分、5.2个篮板、7.5次助攻，职业生涯共拿到6个总冠军、1届常规赛MVP、2届全明星MVP、8届助攻王，13次入选全明星阵容，10次入选赛季最佳阵容一阵。

15 汤姆·海因索恩
1956—1965

汤姆·海因索恩自1956年至1965年效力于凯尔特人。他在职业生涯中共获得8次NBA总冠军。他曾在1969年至1978年执教凯尔特人，并于1972/1973赛季获得最佳教练称号。1986年，他以球员身份入选了名人堂；2015年，又以教练身份入选名人堂。

16 汤姆·桑德斯
1960—1973

汤姆·桑德斯1960年加入凯尔特人，直至退役都是球队首发，他对于球队的重要性不言而喻。桑德斯在职业生涯中出战916场（队史第六），还曾在1977/1978赛季和1978/1979赛季部分时间担任过球队的主教练。尽管他在做球员期间场均只得到9.6分，但却是“八连冠王朝”中仅次于拉塞尔的防守悍将，是“王朝”的绝对元勋。

17 约翰·哈夫利切克
1962—1978

哈夫利切克是大家比较熟悉的巨星，他职业生涯的16个赛季都是在凯尔特人度过的，其历史地位可以排在凯尔特人前三。哈夫利切克在职业生涯中场均可以拿到20.8分、6.3个篮板、4.8次助攻，在职业生涯中共拿到26395分，且获得了8个总冠军、1届总决赛MVP，13次入选全明星阵容，8次入选最佳防守阵容，11次入选赛季最佳阵容。

18 戴夫·考恩斯
1970—1980

在1970年的选秀中，凯尔特人用首轮第4顺位将考恩斯选中。考恩斯是一个顾全大局、毫无私心、工作刻苦而且技术全面的中锋，新秀赛季即有17.0分和15.4个篮板的出色表现。他是NBA近代史上非常出色并且基本功扎实的中锋。在NBA的11个赛季中，他有10个赛季是在凯尔特人度过的。他在1974年和1976年两次帮助凯尔特人夺得总冠军。1973年，他获得NBA年度MVP奖。1976年，考恩斯入选NBA最佳防守阵容。

19 唐·尼尔森
1965—1976

唐·尼尔森作为球员效力凯尔特人时期，曾经帮助球队夺取5次总冠军。他职业生涯出战1053场比赛，场均能够得到10.3分、4.9个篮板、1.4次助攻。虽然曾夺得5次总冠军，不过唐·尼尔森在球员时代名气并不大，他只是一名角色球员。

唐·尼尔森退役后成为一名出色的教练。在长达31年的执教生涯中，他率队取得1335场胜利、18次杀进季后赛、13次获得单赛季50场以上的胜利，而他本人也先后3次获评最佳主教练。

21 比尔·沙曼
1951—1961

比尔·沙曼是20世纪50年代最伟大的射手，也是NBA中第一位投篮命中率超过40%的后卫球员。他还是那个时代罚球纪录的保持者，以88.3%的罚球命中率高居罚球榜榜首，并连续7个赛季领跑联盟罚球榜。比尔·沙曼在效力凯尔特人的10年里，与库西组成火力强大的后场组合，携手为“绿衫军”夺得4届总冠军。

22 爱德华·麦考利
1950—1956

麦考利是NBA历史上第一位全明星MVP（1951年），他曾先后7次入选全明星，其中6次是在效力凯尔特人期间。虽然1956年麦考利作为“绿衫军”交易拉塞尔的筹码被送到圣路易斯老鹰，但他仍然作为凯尔特人创建初期的“招牌巨星”而被人铭记。

23 弗兰克·拉姆齐
1954—1964

在20世纪五六十年代，拉姆齐是凯尔特人阵中最优秀的得分后卫之一，但他还是习惯作为替补球员上场比赛，为球队提供持续火力与充沛能量。奥尔巴赫是“第六人”这一概念的创始人，所以这位名帅对于拉姆齐非常赏识并委以重任。拉姆齐也成为凯尔特人“八连冠王朝”的最佳“第六人”。

24 萨姆·琼斯
1957—1969

萨姆·琼斯在凯尔特人效力12年，帮助球队取得10个总冠军。他是第一位将打板投篮变成“常规武器”的球员，也是场上的“关键先生”。然而，最令奥尔巴赫赞不绝口的是其对于比赛的态度与精神。可以说，在凯尔特人统治联盟的那个年代，萨姆·琼斯起着举足轻重的作用，他是凯尔特人球迷心中最好的24号球员。

25 K.C. 琼斯
1958—1967

K.C. 琼斯一共获得 12 枚总冠军戒指，比“指环王”拉塞尔还多一枚。琼斯作为球员随队夺得 8 个总冠军，作为助理教练和主教练又各夺得 2 个总冠军。值得一提的是，这 12 个总冠军都是琼斯随凯尔特人夺得的。

31 塞德里克·马克斯韦尔
1977—1985

塞德里克·马克斯韦尔在凯尔特人效力的 8 个赛季中，随队获得了 2 个总冠军，并在 1981 年荣膺了总决赛 MVP。

他司职小前锋，在低位极具威胁性，是一位高效而又全面的得分手，也是一位季后赛大场面的“关键先生”。

32 凯文·麦克海尔
1980—1993

麦克海尔作为 NBA 历史上最伟大的“第六人”，体现着凯尔特人那种王朝球队的底蕴与厚度。他与帕里什、伯德组成的历史级别的锋线三人组，率领凯尔特人 3 次夺得总冠军。麦克海尔是一位天赋异禀的篮球天才，他在比赛中可以牺牲自己的数据，用一切方式来帮助球队取得胜利。他被誉为 NBA 历史上最佳白人大前锋。

33 拉里·伯德
1978—1992

拉里·伯德没有超强的身体天赋，但他却用完美的技术和超高的篮球智商来弥补了这一不足，并成为 NBA 历史上超一流的巨星。

在职业生涯的前 8 年时间里，伯德 3 次率领凯尔特人夺得总冠军，2 次加冕总冠军 MVP，还创造过常规赛 MVP 三连庄的盛举，毫无疑问，他是当时联盟最好的球星。

如果没有职业生涯后期频繁的背伤，伯德的统治期还会延长。即便如此，他依然是历史最佳阵容的一员，凯尔特人永远的招牌与象征。

34 保罗·皮尔斯
1998—2013

毫无疑问，保罗·皮尔斯是继伯德之后凯尔特人的头号招牌人物。他是身中 11 刀而不死的铮铮铁汉；他是奥尼尔眼中颠扑不破的“真理”；他也是精通各种得分技术的“进攻万花筒”。

19 年的职业生涯，15 载的绿色坚守，皮尔斯与加内特、雷·阿伦一起三星聚会，为凯尔特人赢得第 17 个总冠军。2018 年 2 月，皮尔斯的 34 号球衣终于悬挂至 TD 花园球馆的穹顶之上。

35 雷吉·刘易斯
1987—1993

这是一位英年早逝的天才。1993 年 7 月 27 日，雷吉·刘易斯在训练场上心脏骤停，也停止了大家对于这位“伯德接班人”的一切期待。刘易斯效力“绿衫军”6 年，并成为凯尔特人队史上唯一一位单赛季同时拿到 100 个篮板、100 次助攻、100 次抢断和 100 次封盖的球员，这也许是他留给凯尔特人最为鲜明的印记。

凯尔特人球衣演变史

●1946—1972 年

●1972—1999 年

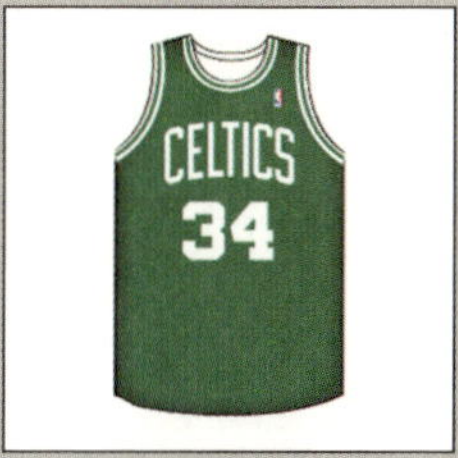

●1999—2006 年

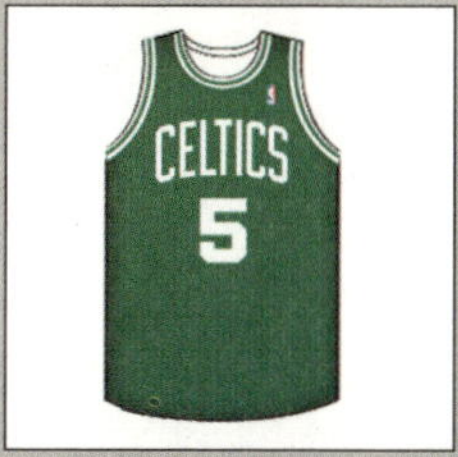

●2006—2014 年

●2014—2017 年

●2017 年至今

凯尔特人队标演变史

●1946—1950 年

●1950—1960 年

●1960—1968 年队

●1968—1974 年

●1974—1996 年

●1996 年至今

凯尔特人档案

- 中文名：波士顿凯尔特人
- 英文名：Boston Celtics
- 成立时间：1947 年
- 所在城市：马萨诸塞州波士顿
- 所属赛区：大西洋赛区
- 球衣颜色：主场白色、客场绿色
- 现任主教练：布拉德·史蒂文斯
- 主要荣誉：17 届总冠军（1957 年、1959 年、1960 年、1961 年、1962 年、1963 年、1964 年、1965 年、1966 年、1968 年、1969 年、1974 年、1976 年、1981 年、1984 年、1986 年、2008 年）
- 队名由来：凯尔特人建队后的第一任老板沃尔特·布朗曾面向波士顿当地球迷征集队名。在众多名字中，布朗一眼看中“凯尔特人”。用这个名字是为了纪念他们的祖先。另外，波士顿有很多爱尔兰后裔，而其中大部分是凯尔特人。

主场球馆

从 1946 年建队到 1995 年，凯尔特人的主场球馆是波士顿花园球馆。

1995 年 9 月 30 日，TD 北岸花园球馆作为凯尔特人的新主场被正式启用，该球馆在波士顿花园球馆的北侧。

新球馆交付凯尔特人使用之前，球馆的名字并非“TD 北岸花园”，而是“舰队中心”。

2007/2008 赛季，拥有“三巨头”的凯尔特人正是在这个场馆举起总冠军奖杯。

作为 NBA 获得总冠军次数最多球队的主场，其穹顶上的 17 面总冠军旗帜令 TD 北岸花园球馆更具王者气质。

该球馆于 2009 年 7 月正式更名为“TD 花园”。和美国众多大型多功能场馆一样，这座场馆中的设施一应俱全。

得分榜	总计
约翰·哈夫利切克	26395
保罗·皮尔斯	24021
拉里·伯德	21791
罗伯特·帕里什	18245
凯文·麦克海尔	17335
鲍勃·库西	16955
萨姆·琼斯	15411
比尔·拉塞尔	14522
戴夫·考恩斯	13192
乔·乔·怀特	13188

篮板榜	总计
比尔·拉塞尔	21620
罗伯特·帕里什	11051
戴夫·考恩斯	10170
拉里·伯德	8974
约翰·哈夫利切克	8007
凯文·麦克海尔	7122
保罗·皮尔斯	6651
汤姆·桑德斯	5798
汤姆·海因索恩	5749
安托万·沃克	4782

盖帽榜	总计
罗伯特·帕里什	1703
凯文·麦克海尔	1690
拉里·伯德	755
保罗·皮尔斯	668
肯德里克·帕金斯	646
戴夫·考恩斯	473
雷吉·刘易斯	417
凯文·加内特	394
塞德里克·马克斯韦尔	378
托尼·巴蒂	369

助攻榜	总计
鲍勃·库西	6945
约翰·哈夫利切克	6114
拉里·伯德	5695
拉简·隆多	4474
保罗·皮尔斯	4305
比尔·拉塞尔	4100
乔·乔·怀特	3686
丹尼斯·约翰逊	3486
K.C. 琼斯	2908
尼克·范·埃克塞尔	2828

抢断榜	总计
保罗·皮尔斯	1583
拉里·伯德	1556
拉简·隆多	990
罗伯特·帕里什	873
安托万·沃克	828
迪·布朗	675
丹尼·安吉	671
丹尼斯·约翰逊	654
戴夫·考恩斯	569
雷吉·刘易斯	569

命中数榜	总计
约翰·哈夫利切克	10513
拉里·伯德	8591
保罗·皮尔斯	7882
罗伯特·帕里什	7483
凯文·麦克海尔	6830
萨姆·琼斯	6271
鲍勃·库西	6167
比尔·拉塞尔	5687
乔·乔·怀特	5648
戴夫·考恩斯	5608